Chinese Communist Party
100 Years of Dark History
Seki Hei

石平

中国共産党 暗黒の百年史

飛鳥新社

中国共産党　暗黒の百年史

はじめに
「百年分の衝撃的な真実」を書いた理由

２０２１年７月１日の中国共産党結党百周年を「記念」して、この政党との戦いをライフワークの一つとする私は、満足のいく大きな仕事を成し遂げることができた。一年以上の時間をかけ、渾身《こんしん》の力を振り絞って、「中共百年の暗黒史」をテーマとする本書を書き上げたのである。

本書を一読すれば、百周年の「誕生日」を迎えた中国共産党が、どれほど罪深く、どれほど外道なふるまいをする危険な勢力か、よくわかると思う。そして、世界最大のならず者国家・中国の軍事的脅威と浸透工作によって、わが日本が脅かされている今こそ、中共の悪を歴史的に明らかにし、マフィア同然の「反日・反社勢力」の罪悪と危険性にたいする日本人の認識を深めるお手伝いをしたい。これが本書執筆の最大の目的である。

加えて、中国出身の私がこの日本で、中国共産党の歴史を書かなければならないと考えた、もう一つ大きな理由がある。

１９８９年、留学のために日本の大学院に入り、中国近代史が日本でどのように書かれているか、興味をもった私は、日本の権威ある大手出版社から刊行された関連書籍を大学図書館から借りて色々と読んでみた。読後の感想はひとこと、「なんと気持ち悪い！」、そして唖然《あぜん》としてしまった。

その理由は簡単だ。日本の一流（？）知識人たちが書いた中国近代史のほとんどは、まさに中国共産党の「革命史観」に沿って書かれた、中国共産党への賛美そのものだったからである。

「アヘン戦争以後、中国人民は帝国主義と国内の腐敗勢力との二重の抑圧に喘《あえ》いだが、中国共産党は人民を率いて革命を起こし、帝国主義と悪の勢力を打ち破って人民を〝解放〟し、人民のため素晴らしい新中国を建設した」。これこそ中国共産党自身のでっち上げた嘘八百の「革命史観」であるが、戦後直後から現代に至るまで、日本で刊行された中国近代史に関する書籍のほとんどは、多かれ少なかれこの「史観」から決定的な影響を受けており、中国共産党を賛美する「歴史書」となっているのである。

そのため、日本で刊行された中国近代史書籍のほとんどは、中国共産党が歴史上、中国国民と周辺民族に多大な犠牲を強いた重大犯罪の多くを意図的に隠し、組織的悪事の数々をあえて書かないようにしている。真実を隠蔽《いんぺい》して共産党擁護に徹した書籍に、歴史書としての価値はほとんどない。中共のプロパガンダ本に過ぎない。

中国共産党の外道ぶりと悪辣《あくらつ》さを自分の目で見てきた私は、日本の「中国近代史」の本を読んで、唖然としたり、噴《いきどお》ることがよくある。笑いごとではない。中国共産党シンパの日本の知識人が書いた、「中共史観の中国近代史」が広く読まれた結果として、今なおこの国では、中国共産党に親近感や甘い幻想を持つ財界人や政治家が数多くいるように思う。

したがって私は、中国共産党を賛美する偽《にせ》の「中国近代史」が日本国内で氾濫《はんらん》していることを、これ以上看過できない。嘘と偽りで成り立つ「中国共産党革命史観」を、この国から一掃しなければならない。そのために、自らの手で中国共産党史をまとめて、世に問うべきではないかと思ったのだ。

一人でも多くの日本人に、中国共産党政権の悪辣さと危険性への認識を深めていただくため、私は中国共産党の歩んだ極悪の百年史の真実をこの手に取り戻し、つかんだファクトをそのまま、日本人の読者に示したい。そのために書かれたのが本書である。

したがって本書の構成は、一般の歴史教科書のように、歴史的出来事を時系列で羅列したものではない。むしろ、今まで日本で刊行された「中国近代史・現代史」関連の書籍で、意図的に隠蔽され、無視されてきた事実を一つ一つ拾いあげ、それを「中共の暗黒百年史」として再構成したものである。

おそらく、本書が明らかにした「中共百年の真実」の多くは、読者の皆様がびっくりするような衝撃的なものであろうが、皆様にはぜひ、これらの衝撃的な真実から再度、中国共産党の邪悪な本質を認識していただきたい。そして日本が今後、中国共産党が支配する中国とどう向き合っていくべきか、真剣に考えていただきたい。

皆様にとって本書がその一助となれば、著者としてこれほどの喜びはない。それは同時に、帰化人である私の、愛する日本へのささやかな貢献となるはずだ。

最後に、本書の企画から編集までご尽力いただいた飛鳥新社の『月刊Ｈａｎａｄａ』花田紀凱編集長と関係者の皆様に心から感謝を申し上げたい。そして、本書を手にとっていただいた読者の皆様にはただひたすら、頭《こうべ》を垂れて御礼を申し上げたい次第である。

令和3年5月吉日

石平　奈良市西大寺付近・独楽庵にて

中国共産党　暗黒の百年史　目次

第一章
浸透・乗っ取り・裏切りの中共裏工作史

第二章 繰り返される血まみれの大量虐殺史

第三章 侵略と虐殺と浄化の少数民族弾圧史

第四章 紅軍内大虐殺、陰謀と殺し合いの内ゲバ史

第五章
周恩来、美化された「悪魔の化身」の正体

第六章
女性と人民を食い物にした党幹部の貪欲・淫乱史

第一章
浸透・乗っ取り・裏切りの中共裏工作史

乗っ取り工作から始まった党勢拡大と建軍

中国共産党という政党が創建されたのは1921年7月1日のこと。この日こそ、中国史上と世界史に悪名を残す「サタン誕生」の日である。

この「中共」という名のサタンを中国の地で産み落としたのはロシア人のソ連共産党、厳密に言えば、ソ連共産党が創設したコミンテルンである。コミンテルンという組織の使命は共産主義革命を世界中に広げることであるが、1920年、コミンテルンの極東書記局が設立され、中国を含む極東地域で共産党組織を作り、暴力革命を起こさせるのが任務であった。

こうして1921年、コミンテルン極東書記局の主導により、コミンテルンからの100パーセントの資金援助で、陳独秀《ちんどくしゅう》という共産主義に傾倒する知識人を中心に、上海に集まった13人のメンバーが、中国共産党を結党した。その時、現場にいて彼らの結党を指導・監督したのはコミンテルンから派遣された、ニコルスキー（Nikolsky）とマーリン（Maring）という二人のロシア人である。

中共は創設直後から、コミンテルンの方針に従い、煽動とテロによる暴力革命の実現を中国各地で試みたが、失敗の連続に終わり、勢力拡大も思惑通りにいかなかった。当時の中国では、1911年の辛亥《しんがい》革命で樹立された中華民国が軍閥たちに乗っ取られたため、近代革命の父である孫文《そんぶん》は第二の革命を起こし、軍閥勢力を打倒すべく奔走《ほんそう》していた。したがって中国国内の革命勢力は、孫文と彼の作った国民党を中心に結集していたため、どこの馬の骨かわからない暴力集団の中国共産党は、本物の革命派から見向きもされなかった。

中国共産党の不人気と無能に痺《しび》れを切らしたコミンテルンはやがて方針を転換し、孫文率いる国民党勢力を取り込むため、支援することにした。その目的は、民主主義共和国の建設を目指す孫文の革命を、ソ連流の共産主義革命に変質させ、中国革命そのものを乗っ取ることである。

その乗っ取り工作の先兵となるのが中国共産党だった。コミンテルンは国民党への財政支援や武器提供の見返りとして、孫文に一つの要求を突きつけた。中国共産党の幹部たちが共産党員のまま国民党に入り、国民党幹部として革命に参画することを受け入れよ、という要求である。

近代的な政党政治の原則からすれば、そんな要求は全くナンセンスで、あり得ない話だが、孫文はコミンテルンの支援をどうしても欲しかったため、このとんでもない条件を飲んでしまった。今から見れば、孫文が下したこの姑息《こそく》な決断が、中国と世界にとっての大きな災いの始まりであり、国民党にとっては破滅への序曲となった。

中国史上「第一次国共合作」と呼ばれるこの出来事は、1924年に起きたが、その内実は、コミンテルンに使嗾《しそう》された中国共産党による、国民党への浸透工作、中国革命の乗っ取り工作である。

乗っ取りの先兵とされた中国共産党は、ここで初めて中国革命の表舞台に躍り出て、地位向上と勢力拡大のチャンスを摑《つか》んだ。コミンテルンの指示と斡旋《あっせん》によって、多くの共産党幹部は国民党に入党し、国民党中枢で重要ポストを占めることとなった。

例えば譚平山《たんへいざん》という共産党員は国民党中央組織部長になり、国民党の幹部人事を牛耳った。林伯渠《りんはくきょ》（本名・林祖涵）という結党直後に入党した共産党幹部は、国民党農民部部長となり、革命運動の重要な一環である農民運動の指導にあたった。そして国民党中央宣伝部長代行、後に部長になったのはあの毛沢東《もうたくとう》、13名の中共結党メンバーの一人である。

共産党による国民党乗っ取り工作の最たるものは、新しく創設された国民革命軍への浸透である。1924年5月、国民党は自前の国民革命軍を一から作ろうと、コミンテルンの全面的支援を受けて、革命本拠地の広州で黄埔《こうほ》軍官学校を創設した。孫文によって軍官学校校長に任命されたのは、後に国民党の領袖《りょうしゅう》となる蔣介石《しょうかいせき》である。そしてコミンテルンの指名で軍官学校の重要ポスト、政治部主任となったのは、あの周恩来《しゅうおんらい》だ。彼は当時、ソ連でスパイとテロ活動の訓練を受けて、帰国したばかりだった。

以来、周恩来は軍官学校の中で、政治部主任の肩書と権限を利用して、教官と生徒の間に共産党員を増やし、勢力拡大に励んだ。もう一人、ソ連赤軍で軍事訓練を受けた聶栄臻《じょうえいしん》という共産党員も1925年に帰国すると軍官学校の政治教官となり、周恩来の乗っ取り工作を補佐した。この人はのちに中国共産党軍の元帥となり、軍最高幹部の一人となった。

周恩来の工作によって共産党員になった軍官学校の教官に、葉剣英《ようけんえい》という人物がいた。彼はその後、周恩来と共に中国共産党軍の創設に参加し、中共政権成立後には元帥となって、国家指導者の地位にまで登り詰めた。

軍官学校の第一期生には、周恩来の指導で共産党に入党した卒業生が多数おり、中でも徐向前《じょこうぜん》と陳賡《ちんこう》の2名は、のちに中国共産党軍の有力軍人となって、中共政権成立後にはそれぞれ、元帥と大将（元帥より一段下）となった。

第四期生の中には、周恩来によって育てられた林彪《りんぴょう》という若き共産党軍人がいた。林彪は後に、中国共産党軍が起こした天下盗りの内戦で凄まじい戦功を立て、元帥に昇進し、1960年代の文化大革命時には共産党政権のナンバー2になった大物である。

黄埔軍官学校からは第五期生以降も、陶鋳《とうちゅう》、楊志成《ようしせい》、宋時輪《そうじりん》、羅瑞卿《らずいけい》などの共産党軍人が輩出し、この4名はのちに、共産党軍の大将の階級に昇進した。

こうしてみると、周恩来による軍官学校乗っ取り工作は実に凄まじいものであったことがよくわかる。国民党が自前の軍隊を作るために創設した軍官学校から、後に中国共産党軍の主力幹部となった元帥4名、そして大将5名が出た。驚異的な成果である。そして林彪や徐向前や陳賡など、この軍官学校で育った共産党員の軍人たちは、共産党軍の主要な戦将となって、同じ黄埔軍官学校出身者が指揮する国民党軍と戦ってこれを打ち破り、国民党軍と国民党政権を中国大陸から一掃した。

つまり中国共産党は、国民党の軍官学校を乗っ取ることで自前の軍隊を作り出し、さらにこの軍隊によって国民党軍と国民党政権を倒す戦略を立てて、実際に大成功を収めたわけである。

このやり方は、癌《がん》細胞とよく似ている。人の身体の中で健康な細胞を呑み込み、それを栄養に癌細胞はどこまでも繁殖していく。そしていずれ、寄生する母体を完全に食いつぶす。ここが、中国共産党の御家芸の浸透・乗っ取り工作の極意であり、最も恐ろしい側面である。

共産党による露骨な国民党乗っ取り工作は、国民党内に大きな危機感を生み、両党の関係は徐々に緊張度を高めていった。1926年、黄埔軍官学校の校長・蔣介石は亡き孫文の遺志を受け継ぎ、国民革命軍を率いて軍閥打倒の北伐を始めた。その終盤の1927年4月、北伐の成果を横取りして革命を完全に乗っ取ろうとする、共産党の不穏な動きを察知した蔣介石は断固とした措置をとり、共産党勢力を国民党と国民革命軍から一掃することにした。

追い詰められた中国共産党は、自前の軍隊を創建して蜂起する決意をした。1927年8月1日、黄埔軍官学校政治部主任だった周恩来と、国民党中央組織部長を務めた譚平山を指導者に、国民革命軍第11軍（師団）の副師団長・葉挺《ようてい》が率いる部隊を主力として、共産党は江西省南昌《なんしょう》で蜂起した。この葉挺もモスクワ留学帰りのバリバリの共産党員で、党の浸透任務を託されて国民革命軍の重要将校として潜入、一軍を率いる立場となったが、いざという時、葉挺率いる国民党軍は一夜にして共産党軍に寝返ったのだった。

後に南昌蜂起と呼ばれるこの事件こそ、中国共産党軍の誕生の瞬間だった。蜂起の8月1日は今でも、中国人民解放軍の建軍記念日とされている。

以上のように、中国共産党軍は国民党軍の一部を乗っ取って作られたもので、浸透と乗っ取り工作の産物であることがわかる。中国共産党と共産党軍は発足当初から、悪辣《あくらつ》で陰険な乗っ取り専門集団だったのである。

共産党指導部を救った驚異の工作員たち

南昌蜂起の部隊は結局、国民党軍の討伐で崩壊してしまい、その後の共産党勢力は二つに分れて生き延びた。蜂起指導部は周恩来を中心に上海租界（外国人居留地）に潜伏し、地下活動を行うことになったが、南昌蜂起の残党の一部は朱徳《しゅとく》という共産党軍人に率いられて江西省と湖南省の省境に位置する井崗山《せいこうざん》に行き、そこで拠点を構えていた毛沢東の「山賊部隊」と合流して「武装革命」を続けた。

その後、上海の周恩来の地下組織は、コミンテルンにより中国共産党最高指導部に認定され、井崗山にある毛沢東勢力を指導する立場になった。毛沢東たちはやがて山から降り、周辺の農村地帯で勢力拡大を図り、広域の「革命根拠地」を作ることになった。

上海にある周恩来の地下組織は早速、国民党政権に対する新たな浸透工作を始めた。

その時点で「第一次国共合作」はすでに終焉し、国民党と共産党は不倶戴天《ふぐたいてん》の敵同士となっているから、周恩来たちの新たな浸透工作は秘密裏に行うしかない。具体的なやり方は、党組織から絶対的な信頼を受ける優秀な共産党員が身分を完全に隠した上で、国民党支持者になりすまして国民党組織の中に入り込み、出世を計っていくことである。共産党工作員がやがて国民党組織や国民党政権で上官の信頼を勝ち取り、重要ポストについた後、共産党のために大いに役立ってもらうのだ。

この時の国民党潜入組には、後に周恩来によって「三傑」と呼ばれる優れた工作員三人がいた。

「三傑」の筆頭は、銭壮飛《せんそうひ》という1925年に共産党に入党した医学部出身の青年である。1928年、国民党特務機関傘下の上海無線通信管理局が「無線通信訓練班」を開設して生徒を募集すると、銭壮飛は共産党員の身分を隠して応募し、入班試験の成績一位で合格した。訓練班の中で銭壮飛はとびきりの優秀さで頭角を現し、特務機関のボスである徐恩曽《じょおんそう》のメガネにかなった。訓練が終わると、銭壮飛はそのまま国民党の特務機関に入った。

しばらくすると彼はボスの徐恩曽の「機要秘書」に抜擢《ばってき》され、特務機関の最重要機密を知りうる立場になった。

その後、銭壮飛は周恩来の指示に従って、李克農《りかつのう》と胡底《こてい》という二人の共産党員を徐恩曽に紹介し、特務機関に入れた。これで、徐恩曽をボスとする国民党中央組織部調査課という特務機関の中枢には、隠れ共産党員が三人入って、がっちりチームを組み、国民党の対共産党諜報を内側から破壊する役割を果たしていく。

彼らの働きで、国民党の対共産党諜報活動は、共産党指導部が完全に把握することとなった。徐恩曽が指導する特務機関の多くの計画と行動は事前に共産党に漏れてしまい、ことごとく無力化されていたのである。

銭壮飛たちはさらに、共産党のためにもう一つ大きな手柄を立てた。毛沢東・朱徳たちが江西省の井崗山周辺で「革命根拠地」を作って勢力拡大を図っていたことは前述したが、国民党政府はそれに対して、正規軍を派遣し殲滅《せんめつ》作戦を展開していた。しかし、国民党軍が軍事行動で使う無線通信の暗号は、他でもない徐恩曽傘下の上海無線通信管理局の手で開発されたものだから、最初から「無線通信訓練班」出身の銭壮飛が掌握《しょうあく》していた。

銭壮飛は、国民党軍の通信暗号を上海の党中央を通して「革命根拠地」の毛沢東たちに渡した。共産党軍（紅軍）はこれで、国民党軍のあらゆる軍事展開を事前に察知できた。共産党軍はいつも、進攻してくる国民党軍の矛先を上手に避けながら、逆に国民党軍の通信内容からその軍事配置の弱点を探し出して猛攻撃を加え、国民党軍を簡単に撃破できた。

１９２９年からの数年間、「革命根拠地」の紅軍が数回にわたって強大な国民党軍の殲滅作戦を粉砕することができたのは、ひとえに銭壮飛チームの手柄が大きい。だからこそ周恩来は、彼ら三人を「三傑」と呼び、重宝していた。そして周恩来という人物が上海の外国人居留地にいながら、遠く離れた江西省の「革命根拠地」の毛沢東勢力を指導する立場を確保できたのもやはり、周恩来自身がこの銭壮飛チームを含む共産党のスパイ組織を掌中《しょうちゅう》に収めていたからである。いつの時代でもそうだが、情報を制する者はやはり強い。

余談になるが、周恩来はその後、頻繁に繰り返された共産党内の激しい権力闘争を無傷のまま乗り越えて、最後まで生き延びた。その大きな理由の一つもやはり、彼自身が共産党のスパイ組織の創建者であり、大ボスだったことだ。無慈悲な手口で党内の多くの政敵を葬り去った毛沢東でさえ、周恩来には簡単に手を出せなかったのである。

話を銭壮飛チームに戻すと、彼らは最後に、周恩来の命を含む、上海共産党最高指導部を危機一髪の窮地《きゅうち》から救い出す手柄を立てた。１９３１年４月、周恩来の直轄の部下で共産党特務機関の最高幹部の一人である顧順章《こじゅんしょう》という人物が、国民党に逮捕されるとすぐに寝返った。彼は共産党指導部の機密拠点の住所や、周恩来など最高幹部の隠れ場所などの機密情報を、一つ残らず国民党特務機関に自白した。

そこで徐恩曽の国民党特務機関は直ちに総動員をかけ、共産党指導部と要員たちを一網打尽にする大逮捕作戦に打って出た。しかしそこでもやはり、銭壮飛たちの行動のほうが一足早かった。彼らは迅速に逮捕開始の情報を周恩来たちに届けた。共産党指導部はこれで間一髪、緊急逃亡を図り、難を逃れることができた。最高責任者の周恩来など、逮捕部隊到着の5分前に隠れ場所から逃げ出したほどである。

歴史に「ｉｆ《イフ》」は禁句であるが、もしその時に銭壮飛チームが国民党特務機関に浸透していなかったら、あるいは周恩来逮捕に向かう国民党の実行部隊が5分以上早めに到着していたら、共産党最高指導部の壊滅と周恩来の逮捕が決したであろう。そうなれば中国近代史は全く別のものになったかもしれない。

結局、銭壮飛ら共産党工作員の働きで、共産党指導部は窮地を脱したが、中国人民はそれからの長きにわたって、共産党による無数の災いを被《こうむ》ることとなった。

この決定的な働きの後、いよいよ不審に思われる立場になった銭壮飛ら三人は、いっせいに国民党の特務機関から姿を消して逃亡した。周恩来を中心とする共産党指導部が上海から江西省の「革命根拠地」に逃げ込んで毛沢東部隊と合流したのち、彼らも逃亡の末、根拠地にたどり着いた。

彼らはその後も、周恩来の部下として共産党の特務機関に務めたが、銭壮飛と胡底の2名は「革命戦争」で命を落とし、あるいは共産党内の権力闘争に巻き込まれて殺された。「三傑」の一人である李克農だけは生き延びて、周恩来の下で共産党の諜報活動に携わった。そして中国共産党が内戦に勝利して中華人民共和国を建国すると、彼は共産党中央調査部部長、中央軍事委員会総情報部部長を歴任して共産党政権と軍の情報機関の責任者を長年務めた。

この李克農は、中共スパイ活動を代表する人物の一人だが、中国共産党特務機関のボスである彼は、国民党特務機関への潜入からその生涯の仕事を始めたのだった。敵陣営への浸透工作こそ、中国共産党の原点であり、お家芸といえる得意技なのである。

高級スパイを国民党軍中枢に送り込む

国民党特務機関の逮捕から逃れた周恩来ら共産党指導部が、江西省の「革命根拠地」に逃げ込んだ後の数年間、周恩来は党のトップとして根拠地に君臨し、紅軍の指揮を取った。しかし、国民党内部の共産党スパイ網が壊滅してしまった以上、国民党軍の情報はもはや周恩来に入ってこない。やがて周恩来率いる紅軍は国民党軍の軍事作戦に散々打ち破られて、根拠地を放棄せざるを得なくなった。

１９３４年秋、共産党指導部は紅軍の残党部隊を率いて江西省瑞金《ずいきん》市を中心とする根拠地から撤退し、中国北部を目指して大移動を始めた。それはすなわち、共産党史上有名な「万里の長征」である。逃亡の末、彼らが最後にたどり着いたのは黄土高原にある陝西《せんせい》省の延《えん》安《あん》地域。そこでは劉志丹《りゅうしたん》という共産党員が徒党を組み、自前の根拠地を作っていた。周恩来・毛沢東たちは、共産党同志である劉志丹の根拠地を丸ごと接収することで、生き延びる地盤を確保した。

この劉志丹はしばらくしてから、対国民党軍事作戦の最前線で後ろから撃たれて「戦死」

した。周恩来と毛沢東にしてみれば、劉志丹の地盤を首尾よく乗っ取った以上、劉志丹の存在はもはや邪魔でしかない。共産党は、仲間に対してもこのような無慈悲な策略を展開したのである。

ちなみに、劉志丹の部下の一人だった習仲勲《しゅうちゅうくん》という人は、生き残って後に共産党政権の高官となったが、この習仲勲の次男である習近平は今、共産党政権の大独裁者となって、本書の最後に登場する。

中国共産党は延安周辺の根拠地で細々と生き延びていたが、やがて最大の転機が訪れた。1937年7月に始まった日中戦争である。日中戦争が勃発すると、中国共産党はそれに乗じて国共内戦の終結と「抗日統一戦線」の結成を国民党政府に呼びかけた。国内世論にも煽られた蔣介石は結局、「一致団結対日抗戦」の大義名分の下、共産党と和解して連携することにした。中国近代史上でいう「第二次国共合作」である。

その時、共産党と共産党軍の主導権はすでに周恩来から毛沢東に移っていたが、周恩来は依然として党内きっての実力者であり、得意分野のスパイ活動・浸透工作の総責任者でもあった。そして「国共合作」の中で、国民党政府と国民党軍は再び、周恩来率いるスパイ組織が浸透する対象となった。

その時、中国共産党が使ったのは、銭壮飛ら「三傑」を国民党内部に送り込んだ手口と同じである。共産主義を信奉する優秀な青年を選んで入党させ、身分を隠して国民党の組織に送り込む、というものだ。送り込まれた共産党スパイは、根っからの国民党支持者であるかのように偽装しながら、自らの才覚と努力で国民党幹部の信頼を勝ち取り、出世街道を歩む。そしていつの間にか国民党軍やスパイ組織の中枢部に食い込んで、機密情報を得る立場となるのである。そうなった工作員は、肝心要《かなめ》の役割を果たしていく。

こうした優れた工作員の一人を紹介しよう。中国共産党の諜報史上、前述の銭壮飛ら「三傑」と肩を並べる大物工作員、熊向暉《ゆうこうき》という人物である。

1919年生まれの熊向暉は、1936年、名門の清華大学在学中に共産党に秘密入党した。翌37年、彼はあの周恩来に選抜され、国民党軍に送り込まれることとなる。その時、周恩来が熊向暉の潜入先として選んだのは、国民党軍の屈指の精鋭部隊として知られる胡《こ》宗南《そうなん》の部隊である。

胡宗南は前述の黄埔軍官学校の一期生で、校長だった蔣介石にもっとも寵愛《ちょうあい》された門下生の一人である。卒業後は蔣介石直系の軍人として国民党軍で頭角を現し、多くの軍功を立てて出世の階段を登った。1936年には国民革命軍第1軍（師団）の師団長に任命されて、翌37年には、師団よりもさらに大きい編成である「第17軍団」の指揮官となった。国民党軍の中で胡宗南は一貫して、総司令官の蔣介石にもっとも信頼された有力軍人の一人であった。

これだけでも、胡宗南と彼の部隊は中共にとって重要な浸透対象となったが、もう一つ、周恩来たちからすれば、胡宗南の身辺にスパイを絶対に送り込まなければならない重大な理由がある。実は「第二次国共合作」以前、陝西省に駐屯する胡宗南部隊の最大の任務は、同じ陝西省の延安を根拠地とする共産党勢力の殲滅作戦だったからだ。１９３６年4月には、胡宗南の第1軍は共産党の占領地に実際に攻め込み、大激戦を展開した。「第二次国共合作」で両軍の戦いは終わったものの、共産党軍の膨張を警戒する蔣介石の方針で、胡宗南の部隊は依然として共産党軍に対する監視役と防波堤としての役割を果たしていた。

だからこそ、周恩来たちはどうしても、胡宗南の身辺にスパイを送り込もうと必死になり、そこで白羽の矢が立ったのが、名門大学在学中のエリート青年、熊向暉であった。

ちょうどその時、大学生たちの間で「従軍奉仕団」のような組織を作り、国民党軍へ奉仕活動を行う動きが広がっていた。潜入命令を受けた熊向暉は早速、胡宗南部隊に入る奉仕団に応募して参加した。一方で、胡宗南も、奉仕団から優秀な青年を選び出して自分のために働かせようと考えていた。そこで胡宗南は自ら、自分の部隊にやってきた学生奉仕団メンバーの一人一人に面接をすることにした。時は1938年1月である。

面接で、胡宗南はメンバー全員の名簿を手に、目の前の若者にさまざまな質問を投げかけ、答える様子を見て評価をつけた。評価の高い青年は名前の下に丸を三つ、低い人には二つか一つをつけたが、唯一、熊向暉の面接で、胡宗南は丸を四つもつけた。彼の受け答えがあまりにも優等生的で、あまりにも立派だったからである。

それは熊向暉のすぐれた素質によるところが大きかったが、面接の前に、共産党の諜報機関から厳しい特訓を受け、面接のリハーサルを何十回も受けていたという理由もある。胡宗南はまんまと騙されたわけだ。

当日の晩、胡宗南は熊向暉を誘い個別に面会した。そこで胡宗南は、この若者を将来有望な人材だと認定し、自分の側近として育てると決めた。こうして1938年5月に胡宗南は、従軍奉仕を終えた熊向暉を国民党の中央陸軍軍官学校（前身は黄埔軍官学校）に送って勉強させた。翌39年3月、熊向暉が軍官学校から戻ってくると、胡宗南は早速、彼を自分の身辺の侍従副官・機要秘書に任命した。

こうしてわずか一年余りで、中国共産党は国民党軍の重鎮である胡宗南の身辺にバリバリのスパイを潜り込ませることに成功した。そしてこの成功は後に、共産党を再び窮地から救うことになる。

胡宗南のもとに送り込む前、共産党が熊向暉に出した指示は以下のようなものだった。

「これから数年間、党組織と連絡を取る必要はない。党のための諜報活動は何もしなくていい。ただひたすら隠忍《いんにん》して国民党のために働き、胡宗南からの絶対的信頼を勝ち取るのが君の仕事だ」。もちろん熊向暉はこの通りに行動した。若き共産党スパイはいつしか胡宗南がもっとも信頼する側近となり、胡宗南軍の最高機密を完全に掌握できる立場となった。

そして熊向暉が、共産党のために一世一代の手柄を立てたのは、潜入してから5年後の1943年である。

前述のように、中国共産党は1937年に「抗日統一戦線」と称して国民党政府と連携したが、以降の6年間、共産党軍は「抗日」にはほとんど興味がなく、自らの勢力拡大だけに励んだ。そのために彼らは、国民党政府の支配する地域への侵食を継続的に行い、国民党軍が展開する対日戦争を邪魔することも度々あった。

こうした共産党の裏切り行為に業を煮やした蔣介石は、延安を中心とする共産党本拠地に対する殲滅作戦の再開を決意し、作戦実行を胡宗南に命じた。1943年5月のことである。命令を受けた胡宗南部隊は延安への奇襲攻撃作戦を計画し、秘密裏に色々と準備を進めた。奇襲作戦の開始時期は最終的に7月9日と決められた。

すると、潜伏5年目の熊向暉が迅速に動き出した。彼は電撃作戦の全計画と開始時期などの機密情報を、秘密ルートを通じて延安の共産党指導部に届けた。蔣介石が胡宗南に殲滅作戦を命じた時の電報の写しも一緒に送った。

熊向暉の情報が毛沢東の机の上に届いたのは、電撃作戦開始の1週間前の7月3日だった。仰天した共産党指導部は、必死の緊急対策を講じた。全軍を集結させて迎撃態勢を整えたのと同時に、蔣介石が共産党軍の殲滅作戦を命じた事実を世の中に公表し、「抗日統一戦線への破壊行為」として糾弾した。さらにアメリカ大使館に対しても、蔣介石の殲滅作戦をやめさせるため圧力をかけるよう呼びかけた。

中共のとった一連の行動は蔣介石と胡宗南にとって、青天の霹靂《へきれき》だった。奇襲作戦が事前にばれた以上、実行しても意味はない。国内世論とアメリカなどからの圧力もあって、蔣介石は結局、この殲滅作戦を放棄し、共産党勢力を一挙に片付ける千載一遇《せんざいいちぐう》のチャンスを逃した。

もちろん蒋介石も胡宗南も、作戦の機密情報を共産党側に届けたのが胡宗南最側近の秘書であるとは夢にも思わなかった。周恩来たちが仕込んだ胡宗南への浸透工作は、一番肝心な時に威力を発揮して、共産党を壊滅の危機から救った。

後になって毛沢東は、熊向暉を評して「その威力は3個師団に匹敵する」と絶賛したが、それはまんざら誇張ではない。中国共産党はいつも、このようなスパイ工作の成功によって破滅の運命から逃れ、天下盗りまで果たしたからである。

ちなみに、当の熊向暉は大役を果たした後、米国留学を口実に胡宗南から逃げ出した。中華人民共和国成立直前に帰国すると、長きにわたり周恩来の右腕として外交部門で働き、共産党の対外浸透工作を担当した。

そして1983年、鄧小平《とうしょうへい》が改革開放路線をスタートさせて外国資本を中国に誘い入れようとした時、中国共産党のスパイ工作の長老格である熊向暉は、新設された国策会社「中国国際信託投資公司」の副董事長《とうじちょう》兼党書記に任命された。つまり中国共産党からすれば、国民党の内部に潜り込むのも外国の資本を中国国内に誘い込むのも、全く同じ性格の浸透工作でしかない。だから熊向暉をその責任者にしたわけだ。

熊向暉は1993年、「中国国際信託投資公司」の副董事長を11年間も勤め上げて引退したが、彼の在任中も引退後も、日本企業を含むどれほど多くの外国資本が、熊向暉の手による浸透工作に引っかかり、中共の利益のために貢献したことか。いまだに自覚できていないのは恐ろしい。

浸透工作がすべての中国共産党

上述の熊向暉について、さらに一つ、大変興味深いエピソードがある。中国共産党が内戦を勝ち抜いて政権を樹立した直後の1949年11月6日、首相となった周恩来は、内戦の末期に共産党軍に寝返った張治中《ちょうじちゅう》など数名の元国民党軍高級将校を宴会に招いた。宴席の途中、周恩来は、アメリカから帰国したばかりの熊向暉を呼んだ。彼は国民党軍重鎮の胡宗南の側近であっただけに、張治中などは彼のことをよく知っていた。張治中たちは熊向暉の顔を見てびっくり仰天し、「これは熊君ではないか。君も共産党に寝返ったのか」と聞いた。しかし周恩来は笑いながら答えた。「彼は寝返りなどしていない。彼は最初から我ら共産党側なのだ」と。

一座は、あまりの驚きにしばらく静まり返っていたが、やがて国民党軍の古参幹部である張治中の口から、「そうだったのか、われわれ国民党は一体どうして共産党に負けたのか、その理由がよくわかった！」との言が漏れた。

張治中の嘆きは、真実を誇張なく反映したものである。中国共産党は、主としてスパイ活動や浸透工作の成功によって国民党軍を打ち破り、天下を取ったからだ。

共産党が国民党軍と国民党政府を相手に天下盗りの内戦を発動したのは１９４６年6月のことだが、それからわずか3年余りで、圧倒的な兵力を持ち、最新鋭の米国製武器を装備した国民政府軍を完全に打ち破り、中国大陸から一掃した。この3年余りの内戦の中で、国民党軍と共産党軍の間で展開されたもっとも大きな規模の戦いは「三大戦役」と呼ばれる「遼瀋《りょうしん》戦役」・「平津《へいしん》戦役」・「淮海《わいかい》戦役」の三つの会戦である。

共産党軍は、この三つの会戦にすべて勝ったことで、天下盗りを実現できたが、実は「平津戦役」と「淮海戦役」の両方で、国民党軍の中枢に入り込んだ共産党スパイの暗躍があり、そのおかげで共産党軍が勝利できた大きな要因となったのである。

例えば１９４８年12月から49年1月まで展開された平津戦役は、共産党軍が北平（今の北京）と天津という二つの大都会を守備する国民党軍を攻めて、両都市を攻略する戦いだったが、そのうち、北平に対する共産党軍の攻略は、北平市に籠城《ろうじょう》した国民党軍司令官傅作《ふさく》義《ぎ》の寝返りで簡単に終わり、共産党軍は大砲の一発も撃たずに北京入城を果たした。

その時の最大の功労者は、傅作義の身辺にいた二人の共産党スパイであった。その一人は、傅作義の秘書だった共産党工作員の閻又文《えんゆうぶん》であり、もう一人は何と、傅作義の長女の傅冬《ふとう》であった。傅作義は国民党軍古参幹部の一人だが、本人の知らないところで中共の工作員が秘書として身辺に潜り込み、長女がいつの間にか共産党に入党して工作要員となっていた。

そして、傅作義が国民党軍を率いて北平に籠城したその日から、この二人は前出の共産党スパイ組織責任者の李克農の指示を受けてチームを組み、連日のように傅作義への説得工作を行った。彼らは利害関係を説いたり情に訴えたりして、傅作義を寝返る方向へと導いた。

平津戦役よりも少し前に始まった淮海戦役こそ、中共工作員が総力をあげて諜報戦を展開したものである。

１９４８年11月初旬から49年１月10日まで展開されたこの戦役は、国民党軍側が80万人、共産党軍側が66万人の兵力を投入した国共内戦史上最大の会戦である。場所は、江蘇《こうそ》省北部の徐州《じょしゅう》という交通の要衝周辺の広範囲の地域だが、実はこの地域から揚子江一本を隔てたところに、国民党政府の首都である南京がある。会戦に負けてしまうと、首都南京の陥落が必至となり、国民党政権にとっては一巻の終わりを意味する。一方の共産党軍からすれば、この会戦にさえ勝てば天下はもう目の前だ。

したがって双方にとって「淮海戦役」は天下分け目の戦いで、日本の戦国時代でいう「天王山の戦い」そのものだが、この歴史的大会戦の勝敗を決めたのもやはり、中国共産党の工作員たちの力であった。

実は会戦の前から、中国共産党軍はすでに、国民党軍の会戦に臨む基本戦略、兵力配置、攻撃の順序などの機密情報を入手できていた。国民党政府の国防省作戦庁の庁長を務める郭汝瑰《かくじょかい》という人物は、1928年に共産党に入党した古参の秘密党員で、以来約20年間、国民党軍に潜伏して軍の中枢部で要職を得ていた。「国防省作戦庁」の庁長といえば、国民党軍が展開する全ての作戦に、計画段階から関与して熟知する立場だから、郭汝瑰は淮海戦役開始前の早い段階から国民党軍の作戦計画を知っていて、その詳細を共産軍側に知らせていたのだ。

そこから一つの伝説が生まれた。国民党軍の中央司令部と国防省が作成した作戦計画は、実は淮海戦役に臨む国民党軍の現場の司令官たちの手元に届く前に、すでに郭汝瑰の手によって共産党軍の司令部に届いていた。共産党軍の司令官たちは何と、国民党軍の司令官たちよりも一足早く、国民党軍自身の作戦計画を知っていたのである。

　これでは会戦の勝敗は最初から決まったようなものだが、戦いが始まったばかりの11月10日、戦場にいた二人の中共大物工作員が動いた。何基灃《かきほう》と張克俠《ちょうこっきょう》は二人とも共産党員だが、国民党軍に長期潜伏して高級幹部となった人物だ。会戦が始まるや否や、二人は国民党軍第59軍（師団）全体と第77軍の大半の兵力を率いて共産党軍に寝返り、国民党軍を攻撃する側に回った。肝心なタイミングでの寝返りは国民党軍にとって大変痛手となったことは言うまでもない。開戦早々から態勢の一角が崩れたからだ。

　会戦が本格的に始まると、今度は国民党軍の現地司令部に入り込んだ中共工作員の出番となった。国民党軍は「徐州剿匪総指揮部（総司令部）を設置して作戦指揮に当たったが、不幸にもこの新設「総指揮部」の中に、１９３７年に共産党に秘密入党した呉仲禧《ごちゅうき》という高級将校がおり、彼もまた、国民党軍総指揮部の軍事機密をすべて知る立場であった。呉仲禧は会戦の始まりから終わりまで、総指揮部の機密情報を随時、共産党軍へ流した。共産党軍はこれで、敵の軍事行動をその都度詳細にわたって把握でき、余裕をもって対処することができた。

これでは国民党軍は負けるしかない。約2カ月間にわたる会戦の結果、国民党軍は完膚《かんぷ》なきまでに打ち破られ、主力部隊のほとんどを失った。そしてこの結果、国民党政権崩壊が必至となり、内戦での中国共産党の全面勝利が揺るぎない現実となった。

前述のように、この天下分け目の会戦の勝敗を決めたのは、郭汝瑰、呉仲禧、そして何基灃と張克俠の4名の共産党工作員の働きである。第一次国共合作の時に国民党への浸透工作から勢力拡大を始めた中国共産党は、内戦の最後でもやはり、国民党への浸透工作でこれを倒し、中国大陸を手に入れた。そう考えれば、浸透工作こそ中国共産党の全てであると言ってよい。

現在でも世界規模で展開されている中共の浸透工作

国民党軍を打ち破って今の中華人民共和国を建国した後も、中国共産党はお家芸の浸透工作をやめることはなかった。内戦に負けた国民党政権が中国大陸から逃げ出して台湾に移ってからも、中国共産党は、台湾を拠点とした国民党政権（すなわち中華民国）、そして国民党軍に対する浸透工作を続けた。

実は、前述の呉仲禧が淮海戦役において国民党軍の現地総指揮部でスパイ活動に励んでいた時、指揮部にはもう一人、呉仲禧の助手として潜入していた工作員がいた。呉石《ごせき》という、呉仲禧と同じ福建省出身の共産党秘密党員である。淮海戦役のあと、呉仲禧は国民党軍から逃げ出して姿をくらましたが、呉石は共産党指導部の命を受けて、引き続き国民党軍に留まった。そして国民党政権と国民党軍が台湾に移ると、この呉石は従軍して台湾に入り、国民党政権の国防省参謀副総長にまで昇進した。

そのとき彼は、国民党が中国大陸に残した諜報網の情報を大量に中国共産党に送り、それが国民党諜報網の壊滅につながったが、それもあって、国民党の特務機関はやがて呉石の正体を突き止めて、彼を逮捕し銃殺した。呉石が台湾に移ってから1年後の1950年6月のことである。

呉石が捕まっても共産党の浸透工作は続いた。それ以来七十数年間、台湾にある中華民国の情報部門は常に、中国共産党のスパイ活動との戦いを余儀なくされている。一つ実例を挙げると、1999年にも、一人の中共スパイが台湾で逮捕された。

李志豪《りしごう》という広東省出身の人で、以前は水泳選手として中国解放軍広州軍区に在籍していたが、1980年代に香港に「亡命」したという。そして90年初めに香港経由で台湾入りし、中華民国国防省の情報部門によって対中共の諜報員として採用された。もちろん、対中共諜報員に選ばれたこの人こそ、正真正銘の中共工作員だったのである。その後、李志豪は中華民国国防省軍事情報局で情報将校として働いていたが、のちに国民党の情報部門が中国共産党軍の中に潜入させた大物スパイの情報を中共側に渡したことで正体がばれ、逮捕された。

そして2000年代に入ってからも、ほぼ数年ごとに一人〜二人の中共スパイが台湾で摘発されている。現在でも日々、台湾を舞台にした中共の浸透工作とそれに対する中華民国側の反《カウンター》スパイ戦が熾烈《しれつ》に展開されている。

中国共産党政権の浸透工作は、台湾に限定されたものではない。中共が必要だと判断した世界各国でも、同じようなスパイ作戦が日常的に展開されているはずである。

例えば、オーストラリアの学者クライブ・ハミルトンの『目に見えぬ侵略　中国のオーストラリア支配計画』（飛鳥新社）によって暴露された、オーストラリアに対する中共の浸透工作の実態は、実に凄まじいものだった。

元中国人の私でさえ、この著書を読んで実に大変な衝撃を受けたが、例えば次のような驚きの事実が明らかにされている。

２００９年、当時のオーストラリア国防大臣のＪ・フィッツギボンは、中国系の女性実業家である劉海燕《ヘレンリウ》と「非常に親密」な関係にあることをマスコミによって暴露された。後になって、この劉海燕という人は人民解放軍総参謀部第二部と繋がっていることが突き止められた。

オーストラリアの公共放送であるＳＢＳには北京語放送局があり、そこで働くラジオアナウンサーの何人かが中国共産党の党員であることも後に判明した。

豪州著名大学の先端技術を扱う研究部門にも、人民解放軍や中国政府の黒い影が忍び寄っていたという。オーストラリア国防大学には「オーストラリア・サイバーセキュリティ・センター」という研究機関があり、文字通り、サイバー攻撃を防ぐ先端技術を研究・開発する機関である。しかし中国は何年にもわたってそこの博士課程に留学生を送り込んでいる。彼らは当然、ここで開発されている技術にアクセスできる。おまけに、この研究センターに勤めている中国人教授は、中国国家安全部所属の実験室と共同研究までやっていたのである。

あるいはオーストラリア連邦科学産業研究機構が人工知能（ＡＩ）研究のための「データ61」という研究部門を立ち上げて国家的研究プロジェクトを進めたが、「データ61」所属の中国人上級研究員の一人が人民解放軍国防科技大学と深い関係をもっていることが後になって判明したのである。

豪州に住む中国系・中国人はおよそ100万人もいるが、彼らの多くは中国大使館・中国領事館の下に組織化されていて、中国政府の意向をうけて堂々と政治活動を展開している。たとえば議会選挙になると、オーストラリア国籍の中国系の人々が大使館によって組織票として動員され、中国共産党に忠実な中国系議員を当選させる一方、中国の気に入らない議員を落選させる。

豪州に住む人民解放軍の元軍官や入隊経験者は「オーストラリア中国人元軍人協会」という解放軍OB会を作っている。彼らは解放軍の軍服に身を包んで軍帽や徽章までつけ、オーストラリアのあちこちの街に集まってイベントを行い、中国国旗を掲げて軍歌を熱唱する。2017年に、中国の李克強首相がシドニーを訪問した時、協会のメンバーたちは総出で歓迎したが、その会長は帰宅してから自らの日記で、「今日、中国の国旗がシドニーを征服した」と豪語したという。

これらの衝撃的な事実を生々しく描き出した前述の暴露本を読むとき、私の脳裏にはいつも、かつての銭壮飛や李克農、そして熊向暉や郭汝瑰などの伝説の中共大物スパイの名前や顔が浮かび上がってくるのである。彼らは全員、今はこの世にいないが、彼らの亡霊は決して、この世界から消えたわけではない。彼らの遺志を受け継ぐ中国共産党の恐ろしい乗っ取り工作や浸透工作は今でも、この日本を含む世界各国で密かに展開されているのである。

こういう浸透工作が展開されているからこそ、中共の対米工作に関与している中国人民大学の翟東昇《てきとうしょう》教授が２０２０年末の講演で公然と、「トランプ政権以前、米中関係はわれわれの手の内にあった」と豪語し、そして今のバイデン大統領の子息の名前まで持ち出して、今後のバイデン政権の対中関係改善に大きな期待を寄せている。中国共産党はこれまで、アメリカ政界にかなりの規模で浸透工作を進め、成功させてきたことがわかる。

そしてわが日本国の場合、永田町や霞が関の住民の中に中国共産党に心身を捧げている日本人がとても多いのも、決して理由のないことではない。銭壮飛や李克農や熊向暉などの大物スパイの亡霊が乗り移った中国共産党の工作員たちは今でも、ワシントンや東京、あるいはわれわれの身近のどこかで活動しているからである。

第二章
繰り返される血まみれの大量虐殺史

「一村一焼一殺」で奪われた10万人の命

第一章では、敵方への浸透工作が中国共産党の得意技であることを具体的に見たが、この浸透工作と並んで、中国共産党が結党当初から三度の飯より好んだことは、自国の一般国民に対する残忍極まりない大量虐殺であった。多数の人命を組織的に奪っていくのは、中国共産党の一貫したやり方で、習性とさえなっている。

中共という組織は最初から、テロ活動を主な仕事としていた。敵の暗殺、あるいは混乱を起こそうと無差別殺人を繰り返した。後に「聖人君子」に祭り上げられたあの周恩来こそ、中国共産党のスパイ工作の大ボスであり、暗殺活動の総責任者でもあった。

彼らがやった残酷な暗殺を一つ紹介しよう。1931年、周恩来の部下だった顧順章という人物が国民党に寝返ったことは前章で触れたが、実は、この裏切り者を懲罰するために、周恩来は自ら指揮をとって、顧順章本人ではなく、その家族全員の暗殺を実行した。

周恩来らはまず、上海のフランス人居留地にある顧順章家族の隠れ家を突き止め、夜陰に乗じて乱入した。そこで彼らは、首を締めるやり方で、老若男女を問わず、この家に住んでいた全員を手当たり次第殺していった。惨殺された人の中には、顧順章の妻だけでなく、実の兄や義理の妹、そして義理の父母や家の使用人まで含まれていた。

もちろん周恩来らは、顧順章本人が国民党諜報機関に極秘裏に保護されていて、その家にいないことを知っている。つまり彼らは最初から、顧順章ではなく家族たちを殺すために暗殺を決行した。裏切り者の顧順章を懲罰するために、彼の裏切り行為とは何の関係もないはずの義理の妹や義理の父母まで惨殺してしまった。その一点だけ見ても、周恩来ら中共幹部はまさに人間性のかけらもない冷酷な殺人鬼であることがよくわかる。

中共の殺人行為は当然、暗殺だけに限られていなかった。彼らは政党として最初から「殺すこと」を党の基本方針に掲げていたのである。

中共が自前の軍隊を作って武力革命を開始したのは、1927年8月1日の南昌蜂起だった。実はその時、周恩来率いる蜂起軍は「蜂起決議案」という公式文書を公布し、蜂起後のとるべき行動について次のように宣言した。

「われわれは反革命的な軍人たちを全員殺さなければならない」

「われわれは反動的官吏たちをいっさい殺戮《さつりく》しなければならない」

「われわれはすべての土豪劣紳《どごうれっしん》を殺し尽くさなければならない」

文字通りの「殺人宣言」であるが、中共の起こした「暴力革命」は最初から「殺人革命」だったのである。

「殺人宣言」の三番目に出てくる「土豪劣紳」は共産党による造語で、農村地域に住む地主や旧家、素封家《そほうか》を指している。中国では昔から、政治権力の支配は農村の地域社会に及ばないのが原則である。農村の社会秩序は、たいてい地主や素封家を中心とする自治によって維持されていた。彼らのほとんどは安定した財産を持ち、教養と良識を身につけ、地元の名望家として地域の安定と平和を守ってきた。

しかし、上述の「蜂起決議案」では、そうした人々はみな共産党の目の敵にされ、皆殺しの対象に指定された。

当時の共産党は、都市部を支配した国民党勢力の矛先を避けて、農村地域での革命運動の展開を方針の一つにしていた。そこで彼らが、農村での革命運動の敵と位置づけたのが「土豪劣紳」と呼んだ地主や素封家だ。こういう人々を標的に革命を起こせば、一般農民を動員しやすいという計算もあるし、地主や素封家たちの財産を奪えば、共産党軍の財源に当てることもできるからである。

前章にも記したように、南昌蜂起後、国民党軍に撃破された共産党軍の残党は、朱徳という軍人に率いられて南昌と同じ江西省の井崗山へ行き、そこを拠点にしてゲリラ部隊を率いる毛沢東と合流した。

しばらくして「紅軍」を名乗る毛沢東と朱徳の部隊は山から降り、広域の農村地帯で「革命根拠地」を作っていくことになった。その時点から、南昌蜂起の決議案で叫ばれていた「土豪劣紳殺し」が、毛沢東たちの手によって本格的に展開されていった。

その時、毛沢東たちは「打土豪、分田地（土豪をやっつけて耕地を分配する）」というスローガンを掲げて農村革命の基本政策としていた。そのための具体的な「行動方針」として打ち出したのが「一村一焼一殺、外加全没収」というものだ。「一つの村では一人の土豪劣紳を殺し、一軒の家屋を焼き払い、加えて財産を全部没収する」という意味である。

つまり、農村地主や素封家に対する殺戮《さつりく》と略奪が、毛沢東ら紅軍による「革命」の主な内容だったのだ。その際、紅軍の連携する対象はいわゆる「地痞流氓《ディーピーリウマン》」、つまり、農村社会のならず者やゴロツキの類である。

紅軍の元高級幹部だった龔楚《きょうそ》という人物が、自らの体験した「一村一焼一殺」の実態を書き残している。彼は紅軍から離脱して上海へ逃げ、そこで『私と紅軍』という書物を出版した。その中で龔楚は「一村一焼一殺」のやり方を実例とともに紹介している。

「われわれ（紅軍）は未明のうちに村に近づき、まず村全体を包囲し、夜が明けるのを待つ。朝になると、事前に味方につけていた村の地痞を案内人に使って、その村の地痞流氓全員を呼びつけて集合させる。彼らから村の地主の詳細な情報を得て、彼らにこれから取るべき行動の手順を教えてやる。

地主の家族がみな揃って朝飯を食べる時間を見計らって、われわれは行動を開始する。まず地痞たちと一緒に地主の家に乱入し、家族全員を一カ所に監禁してから、すぐさま家全体の捜索を行う。

金銀の塊、地契（土地の所有証明書）、現金の三つがまず確保の対象となる。それらが見つからない場合、家の主人を別室に連れ出して尋問し、隠し場所を聞き出すのである。吐かない時は当然、激しい拷問をする。それでも口を閉じている場合、『吐かなければお前の家族を全員殺すぞ』と脅しをかける。それでたいてい、目当てのものは全部手に入る。金銀の塊と現金は、われわれ紅軍のものとなる。それ以外の家財道具は、協力してくれた地痞たちにくれてやるのがしきたりである。

地主の家屋だけは、われわれ紅軍はどこへもっていくこともできないし、分けて分配することもできないため、燃やしてしまう。

あとは土地の処分である。村人全員を村の中心の広場に集めて、地主の家から持ち出した地契をすべて燃やしてしまう。それから、土地は全部お前たちにただでやるから、あとはわれわれ紅軍にしっかりと地租（年貢）を納めよと村人に言う。棚からぼた餅の村人たちは、歓声を上げて大喜びするのがいつもの光景である。その際、もしわれわれ紅軍に兵員補給の必要があれば、土地を配分する代わりに、村人たちに壮丁（健康な男子青年）を兵隊に出すよう要求する場合もある。

最後には、盛大な祭りが残されている。監禁している地主を広場に引きずり出して、村人に裁判を開かせる。その際、事前の言い合わせに従って、地痞たちの何人かが前に出て、涙を流してこの地主の平素の罪状を一つひとつ、憤りを込めて告訴する。大半はおそらく口から出まかせの作り話であろうが、主催者のわれわれ紅軍は当然、真偽を問い質すような余計な真似はしない。罪名と罪状が備わればそれで良いのである。

そして、いよいよ『その時』がやってくる。われわれの司会者は大声を出して、

『このような罪深い土豪劣紳をどうしたら良いのか』

と村民に訊く。地痞たちはいっせいに拳を振りあげて、

『殺すのだ！　殺すのだ！　殺して下さい！』

と全身の力を振り絞って叫ぶ。司会者はここでもう一度大声で言う。

『それではもう一度皆に訊く。こいつは殺すべきか』

一瞬の沈黙の後、今度はわれわれ紅軍兵士と例の地痞たちはいっせいに「殺せ！」と叫ぶと、その場にいる村人もやがて拳を振りあげて、『殺せ！　殺せ！』と絶叫するのである。

それで地主の運命は決まる。隊長の命令で兵士数名が前に出て、即座に処刑を行う。遠くから射撃するようなことはしない。万が一外れたら貴重な弾薬の浪費になるからだ。処刑の方法は決まって、地主を地面に跪《ひざまず》かせてライフル銃の銃口を上から斜めに頭に突きつけて、一発で片付ける。パンという銃声がすると、地主の頭の半分が目の前で吹き飛ばされ、白い脳みそと赤い血が混ざり合って地面に散らばる。これで一件落着。一日の任務が終了するのである。もちろんそれ以降、この村はわが紅区（赤い地域）の一部となって紅軍の支配下におかれる。地痞たちはそのまま村の幹部となって、紅軍支配を手伝うのである」

以上は、「一村一焼一殺」を実際に遂行した元紅軍幹部の回顧録の引用である。１９２８年末からの4、5年間、殺戮と略奪の「農村革命」はまさにこのようなやり方で実施され、共産党紅軍の「革命根拠地」は徐々に拡大されていった。

１９３３年末には、共産党紅軍の開拓した根拠地、つまり「中華ソヴィエト共和国臨時政府」の支配地域は、３６００万人の人口を有する広大な地域に広がったと記録されている。１９２８年末からわずか5年での「革命」の成果である。

そしてこの5年間で、「一村一焼一殺」で殺された地主・素封家の総数は、何と10万人に上ったという。それは、後に紅軍が国民党軍の殲滅作戦に敗れて「革命根拠地」を捨てて逃げ出した後、国民政府の調査によって判明した数字である。

共産党紅軍が最盛期に支配した地域の住民は３６００万人だから、住民の３６０人に１人が殺された計算になる。その時代の中国南方地域では、村落の平均住民数はたいてい３００人程度であったので、「10万人処刑」という数字はちょうど「一村一殺」と釣り合う。

ちなみに、「一村一焼一殺」はあくまでも農村地域で実行された紅軍の行動方針なので、都市を占領した場合、話は違ってくる。

例えば、１９３０年3月、紅軍は江西省の吉安という都市を陥落させ、45日間占領したことがある。その間、彼らは何と、1万人以上の市民たちを虐殺したと記録されている。町中心部の建物の壁に貼られる死刑布告の貼り紙が、毎日数回も張り替えられ、処刑された者の名前で埋め尽くされたという。

中国共産党による暴力革命の歩みは、最初の段階からまさに大量殺戮の歴史そのものであった。

33万人の長春市民を餓死させた「兵糧攻め作戦」

毛沢東たちが江西省とその周辺で作り上げた「革命根拠地」はそう長くもたなかった。1934年秋、国民党政府軍の殲滅作戦に敗れた共産党紅軍は、根拠地を放棄して中国西北部への大移動（長征）を始めた。2年後、毛沢東ら共産党指導部と紅軍は陝西省の延安地域にある別の共産党部隊と合流し、そこを新たな根拠地にした。そして前章でも記したように、1937年、日中戦争の勃発を契機に「第二次国共合作」が実現すると、共産党軍は破滅の運命から逃れて生き残ることができた。

8年間にわたる日中戦争のあいだ、共産党は「抗日」はほどほどにして勢力の拡大に全力をあげていた。1945年8月の日本敗戦後、共産党は国民政府に対する軍事作戦を着々と準備していった。そして1946年6月、名称を「解放軍」と改名した共産党軍は反乱を開始、中国は3年以上にわたる内戦に突入した。

内戦中、大量殺戮を伴う多くの作戦が共産党軍の手によって遂行された。その最たるものの一つは、共産党軍が旧満州にある長春という都市を攻略した際、籠城《ろうじょう》した国民党軍と長春全市民に対し断行した「兵糧攻め作戦」である。

1948年5月から10月までの5カ月間、国民党軍が籠城していた長春を、共産党軍は幾重もの包囲網で囲み、完全に包囲した。そして長春への食糧や物資の搬入をいっさい禁止する措置をとった。穀物はもちろんのこと、野菜も果物も乾物も、とにかく口に入るすべての物を、絶対に長春に入れないようにした。「密輸者」を一人でも捕まえたら、直ちに銃殺する徹底ぶりだった。

共産党軍はこうして、長春に対して徹底した「飢餓作戦」を展開したのである。

5月から始まった包囲の結果、7月ごろになると、長春市内の食料は底をつこうとしていた。そこで籠城中の国民党軍は住民に対し、市内にはもう食料がないから、町から出て食べ物を求めよと通達を出した。しかし、市民たちが群れをなして長春から出ようとしたところ、包囲していた共産党軍からいっせいに銃撃を浴びせられた。

共産党軍は、籠城している国民党軍がかなりの食料を確保していると見積もっていた。飢えている民衆を市内に留まらせて、国民党軍をさらなる窮地に追い込もうとしたのである。そのために共産党軍はわざと、市外に出ようとする市民を撃って町へ追い返した。飢えた民衆が国民党軍から食料を奪おうとする暴動が起きるよう仕向けた。

その時から、長春市内の飢餓が始まった。国民党軍は籠城を続けるために、確保しているわずかな食料を放出することはしなかった。市民たちの手元には食料がない。最初のうち、金塊一つで小麦粉の一袋と交換したり、米5キロの代価で娘を売ったりして、市民たちの多くは辛うじて命をつないでいた。やがて全財産を使い果たしても米の一粒も手に入らなくなり、餓死者が大量に出始めた。犬も猫もネズミも食い尽くされ、草も樹木の葉も皮もすべて人々の胃袋に消えた。市民たちの大半はもはや死を待つしかなかった。

ついには、人々が互いの子供を交換して、殺して喰う惨劇が多発した。長春という町は、文字通りの「餓鬼地獄」と化していったのである。

10月になると、確保していた兵糧を食い尽くした国民党軍は、やむなく共産党軍に投降し、町を明け渡した。

市内に入った共産党軍がまず目撃したのは、餓死者たちの死骸の山であった。街角や家々の前には、干し魚のように痩せ枯れた死骸が山のように転がっていたという。生きている者たちも、餓死した親族の遺体を埋めるだけの気力を残していなかったのである。

籠城以前の長春市民の人口は50万人であったが、生き残ったのはわずか17万人だった。つまり33万人もの長春市民が、共産党軍の殺人的な「兵糧攻め作戦」と国民党軍の無責任な籠城戦のために、命を落としたのである。

このような残忍なやり方で内戦を勝ち抜いて、天下盗りを果たしたのが毛沢東の率いる共産党軍である。戦争終結後の共産党政権の発表によると、彼らはこの内戦でじつに800万人の国民党軍を「消滅させた」という。3年間の内戦における双方の戦死者数は、少なくとも1000万人以上と推定されている。

今の中国共産党政権は、事実、死骸の山の上に成り立っている。

「一村一殺」の全国版で殺された200万人

1949年10月1日、内戦に勝利した中国共産党は、今の中華人民共和国を建国した。

中国の歴代王朝は、建国前の内戦では大量殺戮をよくやるが、一旦天下をとって自前の王朝を樹立すれば、大量殺戮を行う必要はなくなるから、新王朝は普通、安定のための「安土撫民」の政策に転じるものである。

しかし唯一、今の「中国共産党王朝」だけは全然違った。彼らが天下をとり全国政権を樹立した、まさにその時から、支配下の自国民に対して前代未聞の大虐殺を続々と断行していったのだ。

政権樹立の翌1950年初頭から、中国共産党政権はさっそく全国規模の「土地改革」を実行した。それは、今まで「革命根拠地」で行ってきた、地主や素封家に対する「一村一焼一殺」を全国的に展開していくことを意味した。全国の村々でゴロツキやならず者たちを総動員して地主たちを吊し上げ、土地その他、全財産を奪ったのである。

地主たちから没収した土地以外の財産はすべて政権側の懐に入り、「新中国」の国家財政を支える重要な財源となった。土地はすべて農民たちに配分されたが、その代わりに農民たちは全員、共産党政権に対して「公糧」と称する年貢を納める義務を負わされた。

一つ、以前と違ったのは、地主たちの家屋を焼き払わなかったことだった。地主の家屋はすべて共産党政権の農村幹部の「公邸」、あるいは各村の共産党支部の「弁公室」となった。

もう一つ、戦争中の「一村一焼一殺」と多少違ったのは、地主たち本人に対する「一村一殺」が、それほど厳密には実行されなかった点だ。地主を殺す権限は普通、各村の「土地改革委員会主任」の手に委ねられていたが、主任がならず者の出自ではなく普通の農民出身者である場合、地主の命だけは助けることが往々にしてあった。

それでも、全国で吊し上げられた六百数十万人の地主のうち、200万人程度は確実に殺された。「革命根拠地」の開拓時代から共産党軍の協力者であった「地痞流氓」の多くは、共産党政権の下では出世して立派な「農村幹部」となり、全国に派遣されて「土地改革」の指導にあたった。彼らの「指導する」地域では、以前のような「一村一殺」がそのまま再現され、何の罪もない地主たち200万人以上が命を落とした。

これは、中国共産党が天下をとってから、自国民に対して行った最初の大量虐殺である。

71万人を即時処刑した「鎮反運動」という名の大虐殺

「土地改革殺戮」は1950年の1年間を通して全国で実行されたが、それが終わるや否や、翌51年の年明けから、今度は毛沢東本人による殺戮命令で、全国規模の組織的な大量虐殺が、またもや始まった。これが中国共産党政権史上有名な「反革命分子鎮圧運動（鎮反運動）」である。

1951年1月30日、党・軍・国家の権力を一身に集めた独裁者の毛沢東は、全党・全軍に対し、「全国で反革命分子を粛清《しゅくせい》せよ」との指示を出した。それを受けて党中央は2月10日に決議を行い、全国における「反革命分子鎮圧運動」の展開を決定した。彼らのいう「鎮圧」とはすなわち殺すことであるが、共産党によって「鎮圧すべき反革命分子」として指定されたのは、「匪賊《ひぞく》、悪党、スパイ、反動的党派と団体の主要幹部、反動的セクト組織のリーダー」と称される人々であった。

毛沢東はさらに、人口に応じた殺戮のノルマを全国に課した。「全国の農村地帯で殺すべき反革命分子は、人口の1千分の1程度にすべきである。都市部での比率は、人口の1千人の1を超えなければならない」というのが、毛沢東からの直々《じきじき》の指示である。

彼が一体どんな根拠に基づいてこの比率を算出したかは不明だが、とにかく毛沢東は、「これ以上の人を殺さなければならない」という前代未聞の殺人ノルマを、全国の党組織と公安機関に課したのである。

独裁的な共産党政権の中で最高指導者からこのようなノルマを突きつけられると、全国の党・軍・公安組織はいっせいにフル回転し殺人マシーンと化した。毛沢東の命令一つで、大量虐殺の嵐が全国に吹き荒れたのである。

そのやり方はこうである。まず、各地の共産党組織が動員大会を開き、反革命分子を告発するよう民衆に呼びかける。そして、民衆からの告発を受けた形で、共産党政権は事前に目をつけた「反革命分子」をいっせいに逮捕して、即座に人民裁判にかけ、そのまま銃殺するのである。

１９９８年に中国本土で出版された『鎮圧運動実録』（金城出版社）という書物は、「反革命分子鎮圧運動」の凄まじい実態を詳しく記述している。

例えば首都北京の場合、「反革命分子」を告発するための動員大会が６２６回も開かれ、参加人数は延べ３３０万人に達したという。それらの動員大会の一つは以下のように開かれた。

「（１９５１年）3月24日、北京市は1万5千人以上参加の人民代表連合裁判大会を開催し、反革命分子による破壊活動の証拠を提示し、被害者による血と涙の告発を行った。大会の模様は、ラジオを通じて全国にも中継された。翌日公安局は、告発された３９９名の反革命主犯をことごとく逮捕し、彼らがかつて悪事を働いた各地域へ連行した。各地域の人民法廷はさっそく反革命主犯たちの罪状を公表した上で、その場で判決を言い渡し、直ちに処刑した」

この記述を少し吟味すれば、その際の「裁判」はまったくの茶番であることがよくわかる。3月24日の「人民代表連合裁判大会」ではまず、399名の「反革命分子」に対する「破壊活動の証拠提示」と「血と涙の告発」があったという。公安局は翌日、それらの告発に基づいて「反革命分子」を逮捕し、彼らに対する死刑判決を言い渡した。しかし、24日の「告発大会」が朝から晩まで12時間開かれたとしても、1名の「反革命分子」に対する「証拠提示」と「告発」の時間は実は2分にも満たない。2分未満の時間で、一体何の「証拠」を提示し、何の「告発」ができるというのか。

要は「破壊活動の証拠提示」も「血と涙の告発」も、単なる形式を整えるための儀式にすぎない。中央から課せられたノルマに従って、殺すべき人間の数と当該者は最初から決められていて、それにしたがって儀式が「粛々《しゅくしゅく》」と進んでいっただけであろう。

3月の大量処刑から2カ月後の5月22日、同じ北京で同じようなやり方で、今度は421名の「反革命分子」が銃殺された。

そして9月6日には北京で3回目の大量処刑が実行され、３１８名の「反革命分子」が処刑場の露《つゆ》と消えた。

以上は首都北京で遂行された大量殺戮の実態であるが、次には地方の実例を色々と見てみよう。

例えば大都会の上海では、１９５１年4月30日、一度の裁判大会で５８５名の「反革命分子」が銃殺された。１カ月後の5月31日にはさらに４０５名の処刑が行われた。しかし上海の共産党政府はそれでも満足しない。半月後の6月15日、今度は３８０名の「反革命分子」が銃殺される羽目になった。こうして4月30日からのわずか1カ月半の間に、上海という一都市だけで１３７０名の人々が命を絶たれた。

北京近くの港湾都市の天津の場合、１９５１年4月1日と7月1日に開催された2回の「公審大会」と呼ばれる人民裁判で、八百数十名の「反革命分子」が銃殺された。

内陸部の甘粛《かんしゅく》省での大量殺戮にかんして、前述の『鎮圧運動実録』はこう記している。

「１９５１年4月26日の晩から27日にかけて、全省を任務地とする人民解放軍、各地方工作隊と公安機関がいっせいに行動を起こし、匪賊の主犯や悪党など9千人を逮捕した。大多数は後に処刑され、蘭州《らんしゅう》市だけでも1千人近くが銃殺された」

沿岸地域の広東省も他省に負けていない。『鎮圧運動実録』は広東省で起きたことについても詳しく記している。

「1951年4月23日の午後、中国共産党華南局第一書記・広東軍区司令官葉剣英の陣頭指揮の下、人民解放軍第2軍、第44軍、第45軍は、各地公安局の協力を得て、広東省全域で大規模な逮捕作戦を展開した。各地方から軍区へ報告された数字によると、1日で、匪賊の頭、悪党、スパイなど1万1千人が逮捕された。当日の夜には1回目の処刑として、1700名が広州及び各地方都市へ連行され、そのまま銃殺された。

それからの3日間、広東省全体では2回にわたり、5千人近くが銃殺されたのである」

以上は、中国国内で出版された書物に記述されている、「反革命分子鎮圧運動」の凄まじい実態の一部である。それでは、この大量殺戮の嵐の中、一体どれだけの人々が命を落としたのか。実はこの数字も中国国内刊行の文献から出ている。中国共産党の「中央党史資料出版社」が刊行した『中国共産党執政四十年（一九四九～一九八九）』が披露したところによると、「鎮圧反革命分子運動」で銃殺された人数は、実際には71万人に上ったという。

当時、中国の総人口は推定5億6千万人であったから、71万人の銃殺は実際、毛沢東が課した「1千人に1人」の殺人ノルマさえ超えている。上述の「中央党史資料出版社」の出版物はむしろ、「反革命分子鎮圧運動」の輝かしい成果として「銃殺71万人」という数字を誇らしげに披露しているが、それはどう考えても、政権の手による、自国民への世紀の大虐殺でしかない。

共産党政権の公式見解では、この鎮圧運動で処刑された人たちは、「匪賊、悪党、スパイ、反動的党派と団体の主要幹部、反動的セクト組織のリーダー」のいずれかに属する、正真正銘の「反革命分子」であるという。しかしよく吟味してみれば、そんなのはまったくの嘘、捏造《ねつぞう》であることがよく分かる。

例えば「反革命分子」の筆頭である「匪賊」という罪名である。中国語でそれは普通、「武装して山奥や山林に隠れた拠点を持ち、継続的な略奪活動を行う者」を指す言葉である。

しかし、鎮圧運動で「匪賊」として逮捕された人々は皆、群衆からの告発で一夜にして捕まったのである。北京の場合、「匪賊」たちが告発された「裁判大会」がラジオ中継までされていて、翌日になって逮捕が実行されたという。つまり「匪賊」たちはずっと、家の中でじっとしていて、逮捕されるのを待っているのである。北京以外の各地方でも、「匪賊」たちはほとんど1日にして簡単に逮捕されたと報告されている。

しかし、家の中でじっとしていて、逮捕されるのを大人しく待つような馬鹿な「匪賊」

が、一体どこにいるというのか。逮捕されて処刑された「匪賊」のほとんどは、ただの市民であろう。

「スパイ」という罪名もそうである。普通、相手の組織の中に潜り込んで秘密活動を行うのがスパイである。一般人には安易に識別、発見されないからこそ、スパイとして活動できるはずだ。しかし鎮反運動では、多くの「スパイ」たちは一般民衆の告発によってスパイと認定され、即時に逮捕された。

群衆からの告発だけで、本当にスパイかどうか、どうしてわかるのか。一般民衆に簡単に見破られるような間抜けなスパイが、どこにいるだろうか。第一、一般民衆は一体どうやってスパイであるかを識別できたのか。真の「スパイ」は、そこにはいないはずである。「反動的党派と団体の主要幹部」や「反動的セクト組織のリーダー」といった罪名にしても、あやふやだ。

1949年に中国共産政権が成立する直前、戦いに敗れた蔣介石は国民党政府の高官や残兵を率いて台湾に逃げ込んだ。その時、いわゆる「反動的党派と団体の主要幹部」や、共産党と不倶戴天《ふぐたいてん》の関係にある「反革命分子」は、たいてい蔣介石に追従して台湾へ逃げていった。

台湾へ行き損なったにしても、香港や東南アジアへ逃げるのが通例であった。殺人好きな共産党の「勇名」が天下に轟《とどろ》いた中では、共産党政権樹立後もなお国内に留まるような「反革命分子」は稀にしかいない。とにかく、数十万人単位の「反革命分子」が家の中に静かに座って、共産党政権が逮捕しにくるのを大人しく待っているような馬鹿げた話は、最初からありえない。

要は、「反革命分子」だと認定されて銃殺された71万人の人々は、最初から共産党の敵対勢力でもなければ、何かの罪を犯した悪人でもまったくなかった。実際、彼らの多くは、都市部と農村部に住む素封家や名望家たち、あるいは地域社会の有力者であった。

共産党政権が彼らを殺さなければならなかった主な理由は二つある。一つは、地域社会において名望や威信のある彼らの存在が共産党政権の独裁政治にとって邪魔であること。もう一つは、彼らの持つ財産が共産党政権にとって垂涎《すいぜん》の的だったことだ。

結局、中国共産党という政党の本質は、政権をとって中華人民共和国を建国してからも、革命初期の「一村一焼一殺」の時と何も変わらない。多くの人々の命を奪い、それを肥やしに自分自身を太らせていくのが一貫したやり方、習性そのものであった。政権樹立で、国民に対するほしいままの虐殺を、むしろ思う存分できるようになったのである。

粛反運動から文化大革命へ、中共政権の連続大量虐殺史

1951年の「鎮反運動」からわずか数年後の1955年、中国共産党政権は「粛清反革命分子運動（粛反運動）」と称する運動を開始した。「鎮反運動」の時と同じ手法を使って、「反革命分子」に対する再度の大量逮捕と銃殺を実行したのだ。1年間にわたる「運動」の結果、総計130万人の「反革命分子」が逮捕され、そのうち8万人が処刑台の露と消え、帰らぬ人となった。

ここまでくると、毛沢東と共産党政権のやっていることは、もはや血に飢えた殺人狂のそれとしか思えない。数年前の「鎮反運動」で71万人の「反革命分子」が既に殺されていたのに、わずか数年後に一体どこから、8万人の殺すべき「反革命分子」が生まれてきたというのか。結局「粛反運動」というのは、政権が人を殺したいから勝手に遂行した「殺人運動」以外の何ものでもなかった。あるいは単に、数年前の「鎮反運動」の余興としての殺人だったのではないか。

「粛反運動」から2年後の1957年、中国共産党政権は「反右派運動」と称する政治運

動を発動した。政権の諸政策に批判的な意見をした55万人の知識人を「右派分子」だと認定した上で、公職から追放して農村の強制労働と収容所へ追いやった。

この運動で政権は、銃殺による殺人こそしなかったものの、強制労働に追いやられた「右派分子」が最悪の労働環境・衛生環境の中で命を落としたケースは多い。１９８０年代初頭、改革・開放政策を始めた鄧小平は、彼ら「右派分子」の名誉を回復して都市部への帰還を許したが、その時、55万人の知識人のうち生還できたのは半数程度だった。結果的に、二十数万人の知識人たちが共産党政権の「反右派運動」によって命を奪われたことになる。

「反右派運動」から2年後の１９５９年から61年までの3年間、今度は政権の人為的失政によって全国で大飢饉が起き、数千万人の人々が餓死することとなった。

「政権の政策失敗によって大飢饉が起きた」とはどういうことか。不思議に思う日本人もいるだろうが、これは国内外でよく知られている歴史的事実だ。例えば１９９９年5月に岩波書店から刊行された『現代中国事典』という書物はこの一件について、「１９５８年の大躍進《だいやくしん》政策の失敗で、59年から61年までに２０００万人から４０００万人という史上空前の大量の餓死者を出した」と記述している。在日中国人学者の朱建栄《しゅけんえい》教授がその主な執筆・編集者の一人であるこの書物でさえ、数千万人単位の餓死者が出たことと、それが共産党政権の推進した「大躍進政策」の結果であることを明確に認めているわけである。

この大飢饉の経緯を詳しく解説する紙幅はここにはないが、要は、中共政権が間違った政策の推進により、数千万人が餓死するほどの大飢饉を人為的に起こしてしまったのである。間接的ではあるが、中共はまたもや、数千万人の中国国民を死に追いやった。

この「3年大飢饉」の後にやってきたのは例の文化大革命である。１９６６年夏から76年秋までの10年間にわたって中国全土の大地に吹き荒れた「大革命」の嵐は、文化・社会・経済の空前の大破壊であったと同時に、拷問やリンチによる大量殺戮が全国で展開された「殺人の嵐」でもあった。

「文化大革命」で、どのような殺戮が行われたのか。１９９６年に中国共産党「中央党史資料出版社」から刊行された『「文化大革命」簡史』は、当時の様子をこう記述している。

「文革時代では、私設の裁判がおこなわれ、拷問による自白強要、勝手気儘《きまま》な逮捕、違法な拘禁、捜査がごく当たり前の現象となり、造反の対象となる人々の撲殺や迫害に耐えられない人々の自殺が続出し、人々の生命、財産はまったく保障されなくなった。当時の不完全な統計によっても、１９６６年10月14日までに、『人民の敵』とされて公職や市民権を剝奪《はくだつ》され、都市から農村に追いやられた人数は、全国で39万７４００人以上に及び、

1966年8月下旬から9月末までの40日あまりの間に、北京市だけで8万5198人が原籍地に追い返され、1万7770名が殺害され、3万3605世帯が家捜しを受けた」

この記述によれば、文革が始まった年の8月下旬から9月末までに、北京市だけで1万7770名の人々が殺害されたという。都市と農村の人口の比率で考えれば、紅衛兵運動がもっとも激しく展開された同じ時期に、中国全土で少なくとも数十万人の命が奪われたのではないかと簡単に推測できよう。もちろんその大部分は、大学教授や中学・高校の先生、あるいは普通の市民であった。毛沢東の指導する共産党によって動員された紅衛兵や造反派が、そうした人々を「人民の敵」と認定すれば、彼らの財産を勝手に奪い、彼らの命を恣意《しい》的に奪っていくことができたのである。

中国国内で出版された『従革命到改革』（王海光著・法律出版社）という書物では、文革大革命の10年間、「さまざまな形で命を失った人の数は数百万人に上る」と推定されているが、これがもっとも保守的な数字であり、その10倍の「数千万人」という推測もある。今日までのさまざまな研究成果と公開資料から総合的に判断すると、文革の10年間で「非正常死亡」を遂げた人々の数は、最低でも1000万人単位であろうと考えられる。

彼らはどのような形で「非正常死亡」を遂げたのか。私の手元に、1966年8月の1

カ月間、北京市内で殺されたり自殺に追い込まれたりした中学校教師たちのリストがある。その一部を紹介しよう。

8月5日　北京師範大学付属女子中学校副校長の卞仲耕先生、撲殺。
8月17日　北京第101中学校美術教師の陳葆昆先生、撲殺。
8月19日　北京外国語学校国文教師の張輔仁先生、撲殺。
8月20日　北京宣武区梁家園小学校校長の王慶萍先生、投身自殺。
8月22日　北京第8中学校の華錦也先生、撲殺。
　　　　北京第3女子中学校校長の沙萍先生、撲殺。
8月25日　北京師範大学第2付属中学校国文教師の姜培良先生、撲殺。
8月26日　北京第15中学校校長の梁光葵先生、撲殺。
　　　　北京第26中学校校長の高万春先生、首吊り自殺。
　　　　清華大学附属中学校物理教師の劉樹華先生、煙突から投身自殺。
8月27日　北京寛街小学校校長の郭文玉先生、教務主任の呂貞先先生、同じ日に撲殺。

これは同じ8月に撲殺されたり自殺したりした北京市内の教師たちのリストの一部だが、そのうちの一人、北京第3女子中学校校長の沙萍という女性教員の場合、紅衛兵たちによって連続3日間の拷問の末に撲殺された。彼女が息を引き取った場所は校内のトイレで、傷だらけの遺体は半裸にされ、髪の毛はほとんど抜かれていた。口は汚物で塞がれていたという。

北京市内の学校で先生殺しが起きたのと同じ時期、北京郊外では、紅衛兵の手による一般民衆の集団的虐殺事件も起きていた。

中国上海出身の文革史研究者である宋永毅氏は2002年7月、綿密な現地調査に基づき、文革中の集団的虐殺事件を取り上げた書物を香港で出版した。それが後に『毛沢東の文革大虐殺』というタイトルで邦訳され、原書房から刊行された。この書物では、北京郊外・大興県下の13の人民公社で起きた虐殺事件の概要が、次のように紹介されている。

1966年8月27日から9月1日までの6日間、大興県下の13の人民公社で、紅衛兵たちは現地公安局の協力を得て、「五類分子」（地主・富農・反革命分子・悪質分子・右派分子）とその家族に対する集団虐殺を行った。「五類分子」とその家族たち325名が殺され、一族もろとも全滅させられたのは25世帯に上ったという。最高齢の被害者は80歳、最年少は生まれて38日目の赤ちゃんであった。

『毛沢東の文革大虐殺』には、地方で起きた次のような虐殺事件も記述されている。１９６７年８月13日から10月17日までの66日間、湖南省道県の36の人民公社において、「階級の敵」に対する根絶作戦が展開され、いわゆる「五類分子」の４１９３人が惨殺されたという。

この事件で使われた殺人の方法はじつに10種類もあった。伝統的な銃殺や斬殺以外に、例えば「沈め殺し」「爆殺」「生き埋め」「焼殺」なども多用されていたようである。また、未成年の子供を殺すときには、「投げ殺し」という方法がもっとも好まれたという。

１９６８年７月に広西省賓陽県《ひんようけん》で起きた「賓陽大虐殺」も全国的に有名である。殺人の規模は「全国一」ではないが、この大虐殺は実は紅衛兵組織ではなく、共産党政権の地方組織である賓陽県革命委員会が計画し、組織的に実行したものである。

１９８０年代に作成された『賓陽県「文化大革命」大事記』（内部文書）は、この大虐殺事件の全貌をこう記している。

「全県で３６８１人が殺され、あるいは迫害されて死に至った。そのうち国家公務員が51名、労働者が27名、団体職員が75名、教師が87名、農民・住民が３４４１名である。もっとも多い時は34名が一度に殺されたが、殺害手段としては、銃殺、刺殺、縄で締め殺す、刺股《さすまた》で突き殺す、棍棒《こんぼう》で撲殺する、石で叩き殺すほか、個別に生き埋めにする場合もあり、非常に残忍だった。三兄弟がそれぞれ家主となっていた3軒の家では、全男性、合わせて10人が殺されたこともあった」

以上は、共産党指導者の毛沢東が自ら発動した「文革」という政治粛清運動において、そして彼に動員された紅衛兵たちの手によって実行された大量殺戮のほんの一部である。前述のように、文革の10年間、惨殺されたり自殺に追い込まれたりした無実の人々の数は、保守的な推定でも優に1千万人を超えている。その中には、赤ちゃんも子供も含まれていたから、文革中の中国は、まさに毛沢東共産党の作り出した阿鼻叫喚《あびきょうかん》の「殺戮地獄」であった。

そして、1千万人単位の中国人民が犠牲となった、この史上最悪の大量殺戮こそ、殺人から政権を起こし、殺人によって政権基盤を固めてきた毛沢東共産党の集大成といえる大量虐殺なのである。

天安門虐殺で命を失った若者たちへの鎮魂歌

以上、中国共産党が百年前に結党された時から文化大革命までに起こした大量殺戮の数々を記してきた。考えてみれば、建党から文革終息までの四半世紀以上にわたる中国共産党前半の歴史は、まさに大量殺戮の歴史そのものであると言ってよい。中国共産党という政党は紛れもなく、大量殺戮の常習犯であり、確信犯である。

ここで一つ、私が以前、疑問に感じたことがある。政権奪取のための内戦の戦闘中はともかく、中国共産党は一体なぜ、自前の政権を樹立した後でも、自国民に対しあれほどの大量虐殺を繰り返してきたのか、である。

その謎を解く鍵は、中共による大量殺戮の共通した手法にある。「革命根拠地時代」の「一村一焼一殺」にしても建国早々の「鎮反運動」でも、中共の好む殺人法はいつも「公開処刑」であり、必ず大衆を集めてきて、大衆の目の前で殺戮を行うのである。

中共が大量殺戮を好む理由の一つは、これでわかるであろう。大衆の前で公開処刑を行う意味は、民衆に恐怖心を徹底的に植え付けておくことだ。民衆に心底からの恐怖を常に感じさせることによって、彼らが政権に反抗できないように仕向けるのである。

結局、中国共産党政権は、自分たちの独裁的政治権力とそれに伴うさまざまな特権を死守するために、民衆に恐怖心を植え付けるべく、いつも大量殺戮を繰り返してきたわけである。「党を守るために虐殺も辞さない」というのが、中国共産党という邪悪な政党の最も恐ろしいところである。

「党を守るために虐殺も辞さない」という態度は、毛沢東時代の党に限ったものではない。毛沢東の事実上の後継者となった鄧小平の時代においても、このような「党を守るための虐殺」が実行された。今から33年前に起きた天安門事件のことである。

１９８９年4月、首都北京を中心に全国各地で、大学生を中心とする若者たちは政治改革や、官僚腐敗の厳罰化などを訴えて、嵐のような民主化運動を起こした。それに対し、中国共産党政権は戦車や正規軍部隊を北京市内に派遣し、6月3日夜から4日の朝方にかけて、天安門広場周辺で抗議活動していた若者たちへの武力弾圧を始めた。戦車が青年たちの体を踏み潰し、兵士が機関銃や自動小銃を学生や市民に向けて乱射し、大勢の人々が無差別に殺された。

筆者の私にとって、この事件は単なる歴史書のなかの出来事ではない。１９８０年代を通して、多くの仲間たちと共に中国の民主化運動に身を投じた一人として、私自身もある意味では当事者の一人である。当時、すでに日本に留学していた私は難を逃れることができたが、私と面識のある数名の同志たちは、まさにこの「北京大虐殺」においてかけがえのない命を奪われた。

ここでは、犠牲になった若き勇士の一人の事績を取り上げて紹介しよう。これはまた、私からの、わが亡き同志たちに捧げる鎮魂歌である。

天安門事件で殺された人たちの中に、袁力という若者がいた。年齢は私より1歳半上で、1960年7月7日の生まれである。当時、袁力は北京交通大学修士課程を卒業して、電子工業省所属の自動化研究所に務めていた。

彼が殺されたのは、北京市内の木樨地《もくせいち》という場所で、天安門広場に通じるメイン・ストリートである長安街の交差点の一つだった。後に、袁力の父親である袁可志さんと母親の李雪文さんは、自分たちの息子が殺される前後の経緯を記載した手記を連名で公表した。この手記の内容に基づいて一部始終を見てみよう。

この年の4月下旬に民主化運動が起こった後も、仕事に没頭していた袁力は、デモなどの抗議行動にはそれほど積極的に参加しなかった。だが、同時代に生きる多くの若者たちと同様、彼も運動の展開を熱心に支持し、その行く末に多大な関心を持っていた。

毎日の仕事から帰宅すると、彼はさっさと夕飯を済まし、自転車で近所の中国人民大学へ行き、そこで民主化運動の新しい動向や関連ニュースを聞き出すのである。そして夜遅くにふたたび家に帰ると、両親や弟を起こして自分の聞いたことを報告した。時には運動の行く末や国の将来について自分の意見を熱っぽく語り、家族と論争することもあった。

5月19日、中国政府はとうとう北京に戒厳令《かいげんれい》を敷く事態になった。その時から、学生運動に対する軍の武力鎮圧が現実味を帯びてきたが、袁力は頑としてそれを信じなかった。彼は「人民解放軍は人民に銃口を向けるようなことは絶対ない」と断言していた。

そして、6月3日の晩、悲劇の時がやってきた。その日、袁力は友達と一緒に1日中出かけていた。解放軍の戒厳部隊がすでに北京市外に迫っていたので、袁力らは市内への入り口の一つである「公主墳《こうしゅふん》」という交差点へ行き、やってくるはずの解放軍部隊に対して、北京から撤退するよう説得しようとしていた。しかし日が暮れても解放軍の先頭部隊がなかなか現れなかったので、夜の9時頃に袁力はいったん帰宅した。一晩休んでから、翌日引き続き、解放軍を説得しに行くつもりであった。

その夜11時半頃、袁力の家の近くの木樨地付近で、爆竹のような銃声が炸裂するのが聞こえた。袁力はただちに家から飛び出し、玄関の外に置いてある自転車に乗ろうとした。彼の後ろから飛び出した母親の李雪文さんは力いっぱい袁力の自転車を止めて「やめなさい。解放軍はもう発砲しているのよ。危険だよ。やめなさい」と彼の外出を阻もうとした。しかし袁力は、「こんな時に何を言っているんだ。家でじっとしてなんかいられるわけがないだろう」と険しい表情で怒り出し、気が狂ったように自転車を母親から奪おうとした。そして、母親の力が緩んだ瞬間、彼は自転車に跨《また》がり、あっという間に闇の中に消え去った。

それが、母親の李雪文が袁力の姿を見た最後であった。その晩、両親は一睡もせず帰宅を待ったが、6月4日の朝になっても、袁力は姿を現さなかった。両親は「何かあった」と思わざるを得なかった。

両親はさっそく、北京市内の親戚に声をかけて、一族総出で袁力を探した。両親はまず木樨地へ行ったが、一帯はすでに解放軍部隊に閉鎖されていて、市民の姿はまったくない。両親は今度は自転車に乗って、天安門広場の方向へ向かい、息子の姿を探しまわった。途中、両親が目撃したのは、まさに阿鼻叫喚《あびきょうかん》の地獄絵図であった。

彼らはその時に見た光景を、手記の中でこう記している。

「天安門へ行く途中、私たちは学生たちの群れに数多く出会った。ショックのあまり呆然としている人、手足に傷を負った人、負傷者や死者を台車や板で運ぶ人、若い人たちの顔からは心が炸裂したかのような深い悲しみがにじみ出ていた。

天安門に近づくと、長安街の両側の商店の壁には、銃弾で開けられた穴が密集しているのが見えた。道路には血の痕跡があちこち残されていて、戦車がアスファルトの地面を押しつぶした跡が一目瞭然だった。

天安門広場はすでに完全武装の解放軍兵士によって何重にも包囲されていた。包囲網の外側には大勢の市民たちが集まり、沈黙の中で解放軍と対峙していた。解放軍の兵たちは一様に、銃口を市民に向けたままであった」

その後、両親はもう一度家に戻り、袁力がやはり家に帰っていないことを確認した。彼らはもはや、最悪の事態を予期せずにいられなかった。それからの数日間、袁可志夫妻は自転車で北京市内の病院を一軒ずつ見て歩き、袁力、あるいは彼の遺体が収容されていないか確認した。

市内の各病院で、袁可志夫妻はまたもや地獄絵図を見ることとなった。手記にはこう綴《つづ》られている。

「私たちが各病院で目撃したのは犠牲者たちの遺体の山である。袁力を探すために44軒の病院を見回ったが、遺体が収容されていない病院は一つもなかった。少なくて数十体、多いと100体以上もあった。私たちは袁力の確認のために、遺体を一体ずつ見ていったが、ほとんどの死者は目を大きく開けたままである。なかに、頭の半分や顔の半分が削られた者、顔全体が血にまみれた者もいた。遺体のまわりには、泣き崩れる遺族、気絶している母親の姿が多く見られた」

袁可志さん夫婦は探し回った44軒目の病院である海軍病院で、やっと袁力の遺体を見つけた。手記は、発見された時の袁力の亡骸の様子も記している。

「袁力の身につけているTシャツとジーンズは、完全に血に染まっていた。喉のところに穴があき、背中の下にもう一つの穴が開いているから、銃弾が上の方向から彼の喉の部分に命中して体を貫通したように見える。おそらく、戦車か軍用トラックの上からの発砲だったのだろう。袁力の両目は大きく開き、口も大きく開いていた。殺された瞬間に何かを叫んでいたのだろうか。火葬の時、私たちは彼の目を閉ざすことができたが、口はどうにもならない。袁力は最期まで、口を大きく開けたままの姿であった」

袁可志さん夫婦の手記をここまで紹介した筆者の私も、涙を抑えられない。私と同年代に中国で生まれ育ち、1980年代の民主化の夢を共有した一人の若者の惨死である。

彼には何の罪もない。悪いことは何一つしていない。民主化運動の指導者や中核的な参加者ですらない。彼はただ、その時を生きる一人の中国人青年として、自分自身の良心と良識に従って普通に行動しただけである。そして彼は最後まで、「人民解放軍は人民に発砲するようなことは絶対ない」と信じていたようだ。

しかし、彼は殺された。自分の29歳の誕生日を目前にして、信じて止まない解放軍兵士の手によって銃殺されたのだ。戦車の上から、銃弾一発で喉から身体を貫通され、若い命とかけがえのない青春と、そして未来の夢のすべてを奪われたのである。

この天安門事件において、袁力と共に殺された若者や市民たちの数はどれほどだったのか。真実は今でも、「最高国家機密」として中国共産党政権によって封印されたままである。死亡者数千人という説がもっとも有力であるが、それ以上である可能性も少なくない。

袁力の殺され方からもわかるように、１９８９年6月3日の夜から4日未明にかけて、鄧小平と彼の率いる中国共産党政権が、何の罪もない若者たちと一般市民に対し、もっとも残虐で卑劣な無差別大量虐殺を行ったことは揺るぎない事実である。

そして、この「北京大虐殺」を含む、毛沢東以来の数多くの大量殺戮の罪に対し、今の中国共産党政権は一度も謝罪したことはない。反省の色すら見せていない。そして、習近平政権下の中国共産党はいまや、大量殺戮から始まり大量殺戮で彩られた自分たちの百年史を、まさに誇るべき輝く歴史として自画自賛している最中である。

この邪悪な政党は、今後、中国人民に対して、あるいは世界の人々に対して、どのような悪事を再び働き、どのような殺戮を展開していくだろうか。想像するだけでゾッとする。

第三章
侵略と虐殺と浄化の少数民族弾圧史

軍事占領・政治支配・文化的同化の「民族浄化政策」

今の中華人民共和国には、人口の絶対多数を占める漢民族以外に、55のいわゆる「少数民族」が生活している。

「少数民族」というのはもちろん、漢民族が個々の民族に押し付けた上から目線の名称である。つまり漢民族の目には、他民族は皆「少数派民族」に映るが、個々の民族にとって、自分たちは「少数」でも「多数」でもない。この地球上に一つしかない、まさにオンリーワンの民族である。

しかし、漢民族の作った中国共産党政権は、周辺各民族の自立性や個性を決して認めない。それどころか、中華帝国の伝統である中華思想を継承した共産党政権は、むしろ、各「少数民族」を民族としては消滅させ、漢民族に同化させるのを究極の目標としている。

この究極目標の達成のため、共産党政権は１９４９年10月の成立時点から、独立性の高い「少数民族」への軍事占領政策を推し進めた。各民族の中には、例えばチベット人やウイグル人のように、固有の民族言語と文化、居住地域を持つ、きわめて独立性の高い民族がある。チベット人の場合、1951年までに民族国家としての形を整え、まさに独立国家として中国に隣接していた。ウイグル人にしても、いっときは東トルキスタンという独立国家を建設したことがある。

しかし、中国共産党政権成立後、民族国家の形態を持つ周辺民族は直ちに、軍事侵攻の対象となった。事実、ウイグルへの軍事占領は、共産党政権の樹立からわずか5日後の1949年10月5日に始動している。その日、人民解放軍第一野戦軍第一兵団は甘粛省の酒泉《しゅせん》地方に集結して動員大会を開き、同月10日には司令官の王震《おうしん》将軍の指揮下で「新疆《しんきょう》」と呼ばれるウイグル人の住む地域へと進軍した。この年の12月には、新疆全域の制圧を完成したのである。

チベットに対する占領は多少遅れた。1950年10月、中国軍はまず、チベットの入り口となる昌都《チャムド》という重要都市を占領し、そこに大軍を集結させて全面侵攻の体制を整えた。一方で共産党政権は、「交渉」と称してチベット政府に対する恫喝《どうかつ》を続け、中国への全面降伏を迫った。結果的にチベット政府は中共の軍事的圧力に屈し、「十七カ条協定」という城下の盟を、止むを得ず受け入れることとなった。

1951年10月、中国軍はチベットの首都ラサに進駐し、チベットの軍事制圧をほぼ完了した。

共産党政権はさらに、内モンゴルで生活するモンゴル人や西南地域で生活するイ族やミャオ族などの民族に対しても、同様の占領政策を進めた。建国後の2年間で、今では「少数民族」と呼ばれる各民族の居住地域の軍事占領を完成させたのである。

しかし軍事占領は、中共にとって民族支配の第一歩に過ぎなかった。占領後しばらくすると、中共政権は、各民族への政治的支配を強化する政策を推進していった。政策のポイントは、各民族固有の社会制度や財産制度を全部破壊した上で、土地と人民と財産をすべて、中共政権の完全支配下に置くことである。要は中共が漢民族地域で実施した「一村一殺」の「土地改革」を、各民族の居住地域に持ち込み、暴力を背景に実施することだ。

チベットと周辺地域で実行された横暴な「土地改革」は、一部民族の激しい抵抗を招いた。諸民族の抵抗を鎮圧するため、中共政権は正規軍である人民解放軍を動員して軍事作戦を断行し、多くの人々を虐殺した。本章でくわしく展開されるのは、中共政権の「少数民族」虐殺と弾圧の記録である。

各民族の抵抗を暴力で排除し、政治的支配を完成させた後に、中国共産党政権が遂行する「民族政策」の総仕上げは、「文化的同化」であった。中共はあらゆる手段を用いて各民族の宗教や文化を徹底的に破壊した上で、漢民族の文化、そして共産主義のイデオロギーを押し付けていくのである。

軍事占領や政治支配と比較して、各民族の伝統と文化の徹底的破壊と漢民族への同化は、ずいぶん時間と労力のかかる仕事である。実際、中国共産党政権成立後の七十数年間、ずっと根気よく、この罪深い政策を推し進めてきたし、今でも推進中である。

チベットで共産党政権は、一貫してチベット人の信仰の中心であるチベット仏教を弾圧し、寺院を破壊し僧侶を追放する宗教絶滅政策を強行してきた。

内モンゴルでは、漢民族の入植者を大量に送り込み、草原を農地へと変える政策を推進した。草原の破壊によって、遊牧民だったモンゴル人のライフスタイルと文化は徹底的に破壊された。そして2020年8月から、習近平政権はさらに、内モンゴル自治区の学校教育からモンゴル語を排除し、子供たちに中国語の教科書で勉強するよう強制し始めた。モンゴル人の独自文化の根絶と、漢民族への文化的同化が政策の目的なのは明らかだ。

中共が各民族に文化的同化政策を押し付ける場合に、大義名分として持ち出すのは「中華民族」という概念である。例えば上述の中国語教育強制で、モンゴル人や国際社会から反発を受けると、中共政権は決まってこういう詭弁《きべん》を弄《ろう》する。「モンゴル族はそもそも中華民族の一員である。子供たちが中華民族の共通語である中国語を学ぶのに、どこが悪いのか」というのである。

しかしこの「中華民族」という概念自体、嘘八百のインチキである。実際、この地球上に「中華民族」という「民族」はどこにも存在していない。漢民族やチベット人やウイグル人やモンゴル人などのさまざまな民族はあっても、「中華民族」という民族は実在しない。それは人工的に作り出された虚構の概念である。

つまり中共政権は、「中華民族」という虚構の概念で、各民族の文化と伝統を否定し、彼らの民族的アイデンティティを徹底的に破壊してきた。もちろん今でも、「中華民族」という旗印を振りかざす悪辣な同化政策が、中華人民共和国支配下の各少数民族地域で遂行されている。

こうして見ると、①軍事占領から②政治支配の完成、そして③文化的同化が、中国共産党政権の進める「民族政策」の三段階であることがよくわかる。そして、この三段階の政策の最終目標は、支配下の各民族の独立性とアイデンティティを抹殺して、漢民族へ同化させることだ。諸民族を実質的に消滅させる正真正銘の民族浄化政策であり、「文化的ジェノサイド」そのものといえよう。

実際、今の中国では、名目上、55の「少数民族」が存在すると言われるものの、その大半はすでに独自の文化と伝統を失い、漢民族に同化されてしまった。政治的にも「自治区」や「自治権」は名ばかりで、諸民族は中共政権の完全支配下におかれている。

各民族のほんの一部の「選ばれた者」は、中共政権が開く全人代などの重要会議に「民族の代表」として呼び出され、民族衣装を身につけて壇上に座ることもある。それは「雛人形」のような飾りにすぎず、彼らが「代表」する民族の多くはすでに民族としての実態を失い、中共の手でとっくに消滅させられているのだ。

もちろんその中でも、中共政権の同化政策に抵抗して自分たちの民族的アイデンティティと独立性を保とうと必死になっている民族がある。チベット人、ウイグル人、モンゴル人はその代表格であろう。しかし、まさに彼らが、中共政権の占領政策と同化政策に強く抵抗してきたが故に、歴史上、中国共産党政権による大量虐殺の標的となったことはいくたびもあった。

本章は、いくつかの実例を取り上げて、中共政権の諸民族に対する虐殺の犯罪史を記録し、それを告発しておきたい。

13万人の兵力を動員したイ族虐殺

中国の西南地域の山間部には昔から「イ族」と呼ばれる人々が住み着き、暮らしている。2010年の人口統計では871万人の人口を有しているという。現在、その大半は西南地域の雲南《うんなん》省に住んでいるが、3割程度は四川省の涼山《りょうざん》イ族自治州にいる。

実はこの涼山という地域こそイ族の発祥の地であり、「大涼山」と呼ばれる山岳地帯は、古来より彼らの住処《すみか》であり本拠地だった。

中国共産党の人民解放軍が涼山に入り、中心都市の西昌《せいしょう》を占領したのは1950年3月のことである。1952年4月には大涼山を中心に「涼山イ族自治区」が成立、55年には「自治州」に改称された。もちろん、呼び名が「自治区」や「自治州」だからといって、イ族による「自治」はありえない。占領された時点から、彼らはすでに自治権を失っていた。

そして前述したように、中共政権の、軍事占領に続く「民族政策」の次の段階は、政治支配の完成である。中共政権は涼山のイ族に対しても同じような段階を踏んで政策を推進していった。具体的には1955年から、涼山地域で「民主改革」と称する「一村一殺式」

の暴力革命を起こし、イ族伝統の社会制度を根本から破壊しようとした。

イ族社会では昔から、貴族の黒イと平民の白イという二つの階層があり、黒イが上位に立つ。同時に「家支」と呼ばれる血縁中心の共同体社会があり、黒イも白イも皆、この「家支」という共同体の所属員で、互いに団結力が固い。

しかし中共政権が進めた「民主改革」は、黒イと白イを分断させた上で、貴族階層である黒イたちの財産と地位を剥奪し、「家支」という共同体を潰すことだった。

外から持ち込まれた革命は、当然、黒イだけでなく白イからも猛反発を招く。中共の暴挙を容認していたら、イ族の人々が先祖代々頼ってきた共同体そのものが破壊されてしまうからだ。涼山地域のイ族社会は、生きるか死ぬかの瀬戸際に立たされた。

こうした中、涼山の多くの地域では「家支」に属する多くの人々が、黒イの人望者や有力者を中心に一致団結して、中共政権に対する反乱を開始した。1955年12月に入ると、反乱者は各村や各町にある中共政権の末端組織を襲い、中共幹部を追い払ってその拠点を打ち壊した。また、中共の手先となって悪事を働いたイ族社会のならず者たちを厳しく懲罰した。この動きはあっという間に涼山全域に広がり、イ族の民族蜂起の狼煙《のろし》があちこちで上がった。追い込まれたイ族は、民族の伝統と共同体を守るため敢然と立ち上がったのだ。彼らは一致して「民主改革」という名の暴力革命の停止を中共政権に求めた。

しかし、イ族の切実な訴えに、中共政権が出した唯一の答えは「鎮圧」の二文字であった。1955年、中共政権の中枢は断固とした軍事力行使による鎮圧を決め、大物将軍の一人を現地へ派遣して陣頭指揮を取らせることにした。

現地に派遣されたのは、人民解放軍の階級では元帥に次ぐ大将の筆頭である栗裕《りつゆう》将軍。当時は現職の解放軍総参謀長だった。

一地方の民族反乱の鎮圧に解放軍の要《かなめ》である総参謀長を派遣するとは、いかにも大袈裟だが、「少数民族」を含む人民の鎮圧こそが「人民解放軍」の最大の任務であることを考えれば、驚くにはあたらない。

当時、涼山州は人民解放軍成都軍区の管轄下だったので、栗裕将軍はまず成都へ行き、そこを拠点に鎮圧部隊をかき集めて涼山へ進軍するよう号令を発した。それから鎮圧終了までの2年間、栗裕将軍が涼山地区に送り込んだ解放軍部隊の兵力は延べ13万人にも達した。

当時の涼山自治州の総人口は90万人、そのうちイ族の人口は約70万人だった。70万人のイ族の住む地域に13万人の大軍を送り込んだのは、いかにも大掛かりな軍事行動である。

しかも、70万人のイ族全員が反乱に加わったわけではない。女性、老人、子供を除けば、実際に反乱に参加したのはおよそ10万人程度。そのほとんどは何の軍事訓練も受けていない普通の農民で、所持していた武器は槍や刀、せいぜい二、三人につき自家用の猟銃一丁程度だった。こうした人々に、大砲と機関砲で武装した十数万人の解放軍が襲いかかったのだから、鎮圧というより虐殺に近いものだったと言える。

解放軍が最初に攻撃を仕掛けたのは、涼山州普雄県で反乱を起こした二つの「家支」集団である。動員された解放軍部隊は17の中隊、およそ３４００人程度の兵力だった。解放軍部隊は１９５６年1月３日から９日まで普雄の反乱集団に総攻撃をかけ、掃討作戦を展開し「反乱軍４１９８名殲滅」の戦果を挙げたという。

次に展開されたのは、布施県中心部の市街地に籠城した反乱家支の殲滅作戦だった。同年1月16日から25日までの戦闘の結果、籠城した「反乱分子」のうち「１１８２名が殲滅され、各種銃器類３３２丁が戦利品として押収された」と報告されている。

このような形で、解放軍は圧倒的な兵力と火力で、イ族の反乱に対する軍事鎮圧作戦を次々に展開し、短期間のうちにほぼ全域を制圧した。解放軍によって「殲滅させられた」イ族の「反乱分子」は1万4千人以上に上ったという。

解放軍のイ族鎮圧作戦が完了したのは1958年年3月、反乱が始まって2年後だった。実は、涼山州内の町が解放軍に制圧された後も、反乱を起こしたイ族の中には、自分たちの住む村に帰って抵抗を続ける家支集団もあれば、大涼山に入って険しい山岳に閉じこもり、抵抗する家支集団もあった。こうした人々に対し、解放軍は約2年間、虱潰《しらみつぶ》しの掃討作戦を徹底的に展開した。

この掃討作戦は虐殺そのものであった。イ族の家支集団が籠城した村に、解放軍はまず山砲や迫撃砲で猛烈な砲撃を浴びせる。集中砲撃で、女・子供を含む村人の大半が斃《たお》れる。後は解放軍兵士が村に乱入して、人の姿を見れば見境なく銃撃する「戦闘行為」で、村全体を制圧するのである。

解放軍は最後に、村中をくまなく捜査して、生き残った「反乱分子」の中心人物や主要メンバーを逮捕し、その場で銃殺した。その際、誰が中心人物なのか、主要メンバーを一々弁別する余裕もないので、とにかく精悍そうな男たちを一カ所に集めて、機関銃で一気に片付けた。解放軍のいつものやり方である。

このように解放軍は、あちこちの村々で掃討作戦を展開したが、村を制圧・掃討する際に、女・子供を含む村人の大半が砲撃や銃撃で死ぬのが普通だった。もはやそれは「一村一殺」というより、村丸ごとの集団虐殺と言っていい。

解放軍が展開した殲滅作戦の第三段階は、深い山の奥に隠れた家支集団の掃討作戦だった。解放軍にとって最も手間がかかったのはこれだ。山中の地形を熟知するイ族が守りに入ると、解放軍はなかなか攻めにくい。それでも根気よく、徹底的に掃討作戦を行った。山岳に籠城したイ族に兵糧攻めを行うこともあれば、籠城したイ族の家族を探し出し、人質作戦を展開することもあった。結局、１９５７年3月までに解放軍の全掃討作戦が終了し、抵抗を続けたイ族たちはことごとく「殲滅させられた」のである。

村々での掃討作戦と山岳地帯の掃討作戦で、どれほどのイ族が殺されたのか。数字を示す資料は一向に見つからない。各解放軍部隊は、町を制圧した第一段階の作戦では「輝かしい戦果」を一々報告しているが、第二段階の村掃討作戦になると、死傷者の数字の報告はいっさい上がってこない。政権側の発表も記録もない。殺人魔の彼らでも、さすがに女・子供を含む村人の大虐殺の数字を「戦果」として報告・発表するのは躊躇《ちゅうちょ》したのだろう。

しかし１９５６年初頭から58年3月まで、涼山地域で自分たちの伝統生活と共同体を守るために立ち上がったイ族の人々に対し、中国共産党は13万人もの大軍を派遣して無慈悲な軍事鎮圧を行い、女性・子供を含む数多くのイ族を虐殺した歴史的事実は、消えないのである。

120万人のチベット人を殺した世紀の民族虐殺

前節では、1956年初頭から2年間にわたって、中国共産党政権が涼山地域のイ族を虐殺した歴史をひもといたが、このイ族虐殺が「ごっこ」に見えてくるほど、凄惨きわまりない世紀の民族大虐殺が行われた。中共政権が1950年代初頭から現在に至るまで、チベット民族に繰り返し行ってきた大量殺戮である。

前述のように、共産党の軍隊がラサを占領してチベット全域を制圧したのは1951年10月のことだ。それ以来、共産党政権はチベット全域とその周辺の青海省《せいかい》や甘粛省に住むチベット人への政治的支配を徐々に強めていった。このプロセス下で、共産党の抑圧に抵抗するチベット人の集団がしばしば現れてくる。共産党政権はその都度、軍を派遣して鎮圧し、大量虐殺を行ってきたのである。

例えば1952年から58年までの7年間、甘粛省甘南チベット族自治州（カロン地区）において、共産党政権は反抗するチベット人を断続的に虐殺、約1万人を殺した。

あるいは1956年初頭、今は四川省に属するアバ・チベット族チャン族自治州で、チベット人が圧政に反抗して立ち上がった時、中国共産党軍は2年間にわたる殲滅作戦を展開した。その中で推定2万人のチベット人が殺された。

1958年3月から8月にかけて、青海省と甘粛省に跨《また》がる広大な地域で、十数万人のチベット人が暴政に抗議し反乱を起こした。中国軍は全力をあげて鎮圧にあたり、11万人の「反乱分子」を殲滅したと、中国国内の出版物が記録している。

中共政権のチベット人抑圧・虐殺の最たるものは、1959年3月、チベットの首府であるラサで起こった「ラサ虐殺」である。

それまでラサには、1642年に発足した「ガンデンポタン」という名のチベット国の中央政府があり、チベット全域を治めていた。ガンデンポタンの長は、当然、チベット仏教最高位のダライ・ラマである。ダライ・ラマはチベット民族の統合の象徴で、最高の精神的指導者でもある。ガンデンポタンの国家運営は通常、ダライ・ラマに指名される首相によって担われてきた。

1951年のチベット占領からしばらくの間、共産党政権はチベットの政治支配を完全なものにするまでの過渡期の便宜的な策として、ダライ・ラマを頂点とするガンデンポタンの存在を認めていた。ダライ・ラマが精神的指導者としてチベット人の篤《あつ》い信仰を広く集めているから、中共政権としては、しばらくの間はダライ・ラマとガンデンポタンを懐《かい》柔《じゅう》して利用したほうがよいとの判断だった。

その一方、チベット全域の各地方では、中共政権は全力をあげてガンデンポタンの下部組織をことごとく破壊していった。そうすることで、チベット政府の統治基盤を徐々に崩していったのだ。そして1956年あたりから、中共政権は前述のイ族地域で強行したのと同様の「民主改革」をチベット全域で展開し始めた。暴力的な「革命」の遂行、それに伴う軍を使った鎮圧・虐殺によって、中共政権は数年間のうちにチベット各地での政治支配をほぼ完成させた。

そうなると中共政権にとり、ダライ・ラマとガンデンポタンの存在が大いに邪魔になる。チベット人の心はいつまでもダライ・ラマに帰依しているため、中共政権は政治的にチベット人を支配できたとしても、精神的には支配できない。だから、チベットにおけるダライ・ラマの存在を絶対に許すわけにはいかないのだ。

1959年、長い歳月をかけて外堀を埋めてきた中共政権はいよいよ、チベットの本丸攻めを開始、ダライ・ラマとガンデンポタンの排除作戦に着手した。1959年10月は中華人民共和国成立10周年になるから、中共政権としてはどうしても、その前に「チベット問題」の完全解決を図りたかったのである。

「完全解決」とは、ガンデンポタンの完全消滅とダライ・ラマのチベットからの追放である。そのために中共政権はガンデンポタンに首相解任などの無理難題を突きつけて、政治的圧力を強めていった。一方で「反乱に備える」と称して、ラサ駐在の解放軍と共産党各機関に戦闘準備を整えるよう指示し、チベット政府との緊張状態を意図的に高めていった。

こうした上で3月1日、ラサ郊外に駐屯する解放軍司令部からダライ・ラマ宛てに観劇の誘いがきた。ダライ・ラマは当時、ラサにある離宮のノルブリンカ宮殿に滞在していたが、誘いに来た解放軍将校はチベット政府側の武装警備員の同行を拒否した上で、ダライ・ラマを宮殿から連れ出そうとした。

これにより、解放軍がダライ・ラマを拉致しようとしているとの疑念がチベット政府と民衆の間で広がり、多くの市民がダライ・ラマを守ろうと宮殿周辺に駆けつけた。3月10日には約30万人のチベット人が宮殿を取り込み、解放軍の侵入を防ごうとした。

そして3月10日、集まったチベット人たちはそのまま「独立宣言」を発し、解放軍の攻撃に備えて市内でバリケードを築き始めた。もちろん、解放軍は砲兵部隊も動員して攻撃・

鎮圧の準備をすでに整えていた。

そして3月17日、解放軍から放たれた2発の砲弾がノルブリンカ宮殿のすぐ近くに着弾した。身の危険を感じたダライ・ラマはその日、民衆の援護を受けて宮殿から脱出し、陸路インドへと亡命した。その時、解放軍は上からの命令で、ダライ・ラマの脱出をあえて阻止しなかった。中共政権にとって、ダライ・ラマをチベットから追放することさえできればそれでよかったのだ。ダライ・ラマ自身に危害を加えると、チベット全域で収拾のつかない大反乱が起きることを彼らも恐れていた。

しかし、ダライ・ラマ脱出後の3月19日以降、独立を求めて立ち上がったチベット民衆に対し、共産党政権と人民解放軍は本格的な鎮圧を開始した。2日間にわたって行われた残酷な大虐殺で、推定1万から1万5千人のチベット人が殺された。

解放軍はどのように多くのチベット人を虐殺したのか。私の手元には、中国国防大学教授で解放軍少将である徐焰《じょえん》が2013年11月7日に自らのブログに掲載した「チベット反乱平定記」という論考がある。その中に、ラサ鎮圧についての次のような記述があった。

「解放軍が（ラサ市内の）薬王山を占領した後、砲兵にラサ全体を俯瞰《ふかん》する観測所を提供した。兵力上では数の少ない解放軍に、正確な火力支援が可能となった。（3月）20日午後、解放軍は反乱匪賊が集まったノルブリンカ宮殿に攻撃を仕掛けた。砲兵は建物を破壊しないとする中央の命令に従い、122ミリ榴弾砲を使って徐進弾幕方式の砲撃を（宮殿内の）園林に集まっている反乱匪賊に浴びせた。……猛烈な砲火の打撃下、千人以上の反乱匪賊がノルブリンカ宮殿から逃げ出したところを、砲弾が彼らの頭の上から正確に落ちてきて炸裂した。ラサ地区での反乱軍の主力はこれで粉砕された」

以上は、中国国防大学の軍事専門家が描いた「ラサ鎮圧」の一場面であるが、これは鎮圧というより、解放軍が圧倒的な砲火で実行した一方的な虐殺であることは明らかだ。解放軍は山の上からノルブリンカ宮にいるチベット人たちの動きを把握した上で正確な砲撃を加え、そして宮殿から逃げ出した千人以上のチベット人を猛烈な砲撃で一気に殺してしまった。これは虐殺以外の何ものでもない。

ラサでのチベット人の抵抗はこれで鎮圧されたが、チベット各地での制圧と虐殺はその後も続いた。解放軍は1959年3月から62年3月までの3年間、中央チベット地域でさらに約9千人のチベット人を殺したと、中国人研究者が国内出版の刊行物で明かしている。

このような虐殺は、1970年代半ばまで続いたが、解放軍のチベット占領開始から25年以上の長きにわたって行われた数多くの虐殺で、一体どれほどのチベット人が殺されたのか。元東京大学資料編纂所教授の酒井信彦氏の推定では、チベット総人口の約5分の1、すなわち120万人が殺されたという。

しかし、このような虐殺は、決して1970年代で終わったわけではない。2008年3月、同じラサにおいて、解放軍部隊は「暴動」を起こしたとされるチベット人への鎮圧作戦で、多数のチベット人を殺した。そして現在に至っても、中共政権の宗教弾圧や民族浄化政策に抗議するチベット僧侶たちの焼身自殺が時々起きている。1950年から始まったチベット人の悲劇は、今なお続いているのである。

34万人逮捕、5万人以上虐殺の「内蒙古ジェノサイド」

中国共産党政権が「少数民族」に行った組織的なジェノサイドの中で、殺人規模の大きさでチベットに次ぐ二番目となるのが、内モンゴルに住むモンゴル人の虐殺である。

文革中の1960年代後半、共産党政権が内モンゴル自治区において「内人党粛清運動」を発動させ、モンゴル人の組織的な大虐殺を行ったのである。

「内人党」とは「内モンゴル人民革命党」の略称で、1920年代にモンゴルの民族独立と共産革命の実現を目指して活動した党派のことである。1949年に中国共産党政権が成立し、内モンゴルが中国の政治支配下に入ってから、この党派はすでに自然消滅し、どこにも存在しなかった。にもかかわらず、文革中の1967年から68年にかけて、中国共産党政権は「現在の内モンゴルに内人党は依然として健在で、祖国分裂のため反革命的秘密活動を行っている」とし、大規模な「内人党抉《えぐ》り出し運動」を展開した。その中で34万人のモンゴル人が逮捕・監禁され、名前がわかっているだけでも5万人以上が惨殺されたのである。

筆者の友人でもある、内モンゴル出身の静岡大学・楊海英《ようかいえい》教授は、多くの著書の中でこの大虐殺を取り上げ、自らの研究に基づいてその全容を解明している。また、本書の第二章にも登場した中国人歴史家の宋永毅氏は、名著『毛沢東の文革大虐殺』(邦訳・原書房)の中で「内人党粛清運動」の一件を取り上げて詳しく紹介している。研究者である両氏の記述によって、目を覆いたくなる「内人党大虐殺」の経緯とその凄まじい実態が明らかにされたのである。

文革の前、内モンゴルの共産党政権の代理人はウラーンフというモンゴル人の共産党幹部であった。1966年夏に文化大革命が始まると、ウラーンフは毛沢東と対立する劉《りゅう》少奇《しょうき》の子分の一人として失脚させられた。それは本来「民族問題」とは無関係の共産党政権内部の権力闘争の結果だが、長年、内モンゴル自治区主席、内モンゴル軍区司令官兼政治委員として君臨してきたウラーンフが失脚したことは結果的に、内モンゴルに大きな政治的混乱をもたらし、全域が内乱に近い状態に陥った。

その一方、モンゴル人であるウラーンフと彼の周辺のモンゴル人幹部の失脚は、モンゴル人の民族感情を刺激し、漢民族中心の共産党支配に対する彼らの長年の不満に火をつける結果となった。モンゴル人の中で「反中感情」が高まり、民族対立は深まる一方となった。

このような状況に、中国共産党政権は大いに危機感を募らせた。この内モンゴルの混乱は本質的に、共産党中央が自ら作り出したものだが、モンゴル人の不平不満の高まりは、モンゴル人の民族独立運動の前兆だと中共中央幹部の目には映った。そこで彼らは、モンゴル人への民族弾圧の実行を決意した。

1967年4月、毛沢東と党中央は滕海清《とうかいせい》将軍という共産党の軍人を内モンゴルに派遣した。滕海清は所属の北京軍区の精鋭部隊を率いて内モンゴル首府のフフホトに入り、内モンゴル全域を制圧した。後に滕海清は内モンゴル革命委員会の主任にも就任して、内モンゴルの全権を掌握した。

それから約2年間、この滕海清の指揮下で、解放軍主導のモンゴル人の弾圧と大虐殺が行われたのである。

モンゴル人自身は、反乱や暴動などをいっさい起こしていないため、弾圧運動を展開するには、何らかの口実が必要だった。そこで滕海清たちは、「内モンゴル人民革命党（内人党）」を過去の歴史から掘り出した。彼らはまず、内人党を「祖国分裂を図る反革命党派」だと認定し、内人党が今でも内モンゴルに潜伏して秘密活動を行っているという真っ赤な嘘をでっちあげ、民族弾圧の口実にした。つまり、「お前は内人党だ」と冤罪《えんざい》を着せれば、モンゴル人の誰でも弾圧することができ、そして殺すこともできた。

楊海英教授の著書『中国人の少数民族根絶計画』（産経NF文庫）では、滕海清の部下である解放軍シリーンゴル盟軍区の趙徳栄《ちょうとくえい》司令官が1968年5月に発表した、以下の講話が記録されている。殺気立ったこの発言にこそ「内人党粛清」事件の本質が端的に現れている。

「モンゴル人を徹底的にやっつけよう。モンゴル人の中に良いやつは一人もいない。モンゴル人を100パーセント内モンゴル人民革命党党員に認定してもいい。彼らが死んでもびっくりすることはないし、たいしたこともない。モンゴル人は死んでいけばいい」

楊教授の著書でこの「趙徳栄司令官発言」に触れたとき、私は背筋が寒くなるのを感じたと同時に、強い義憤を覚えるのを禁じ得なかった。モンゴルに対する彼らの恐ろしい本音がここに現れているからである。

とにかくモンゴル人をやっつけたい。モンゴル人を殺したい。だからモンゴル人全員を架空の内人党党員に認定してもいい。この発言こそ、中国共産党軍幹部の口から発せられた、モンゴル民族に対するジェノサイド宣言そのものであった。

実際、この趙徳栄司令官の指揮下で、シリーンゴル盟では2350人が虐殺されたと記録されている。もちろん、シリーンゴル盟だけでなく、リンチと虐殺は内モンゴル全域で展開された。これについて、楊教授の前掲書はこう記述している。

「中国共産党に〝お墨付き〟をもらって展開されたジェノサイドは、凄惨を極めました。内モンゴル人民革命党党員と決めつけられた人は、冤罪であっても〝批判闘争大会〟という人民裁判にかけられ、中国人大衆や人民解放軍の兵隊などから、一方的に暴行を受けました。それでも飽き足らない場合は、外に連れ出されてさらにリンチされたのです。

例えば、自治区政府幹部で、オルドス高原イケジョー盟出身のアムルリングィ（ハンギン旗旗長）は、地面に押さえつけられて、真っ赤に焼いた鉄棒を肛門に入れられ、鉄釘を頭に打ち込まれました。文化庁幹部だったオーノスは鞭で打たれたため、尻の肉が削げ、骨が見えていたといいます。また、あるモンゴル人は、マイナス四十度まで下がるモンゴル高原の冬に、膝まで水を満たした〃水牢〃に入れられ、その足は水と共に凍ってしまいました。

旧満洲国出身で、ハルビン陸軍軍医学校を出たジューテクチという医師は、次々と病院に運ばれてくる患者たちを目の当たりにして、『私は生き地獄を見ました。失明させられた者、腕や足を切断された者、そして頭の中に釘を打ち込まれた人々など、言葉で表現できない惨状でした』と語られています」

宋永毅氏の著書『毛沢東の文革大虐殺』でも、虐殺現場の目撃者の証言がたくさん載せられていて、例えば次のようなものがある。

「伊克昭盟の小白秀珍同志（モンゴル族）は、殴られ瀕死の状態にされた上で、悪事の限りを尽くすその暴徒たちに輪姦され、そのあと火掻き棒を膣に差し込まれて腸を引きずり出されるという惨めたらしい死に方をした」

あるいは四子王旗白音敖人民公社の秘書を務めるモンゴル人の敖日布扎木蘇の場合、一家の殺され方はもっと悲惨なものであった。

「(下手人は) 身体をナイフで切り裂くと傷口に塩を揉み込み、そこへ鏝《こて》を当てた。こうして敖日布扎木蘇を斬殺したあと、今度は妻の道爾吉蘇を捕まえて何度も強姦し、火掻き棒を膣に差し込んで生きたまま突き殺した。こうして両親を共に失った家には、生まれて5カ月にもならない子供が一人残されたが、その子も餓死した」

このように、モンゴル人女性が虐殺の対象となった場合、性犯罪が付きものとなっており、楊海英教授の前掲書には、モンゴル人女性に対する次のような、まさに鬼畜の所為としか思えない殺し方も記述されている。

「妊娠中の女性の胎内に手を入れて、その胎児を引っ張り出すという凄惨な犯罪も行われ、中国人たちは、これを〝芯を抉り出す〟と呼んでいました。中国人の白高才と張旺清は、ワンハラというモンゴル人女性を〝重要な犯人〟だと決めつけ、さまざまな暴力で虐待しただけでなく、手を陰部に入れて子宮にまで達し、すでに4カ月になっている胎児を引き出しました。彼女はこの暴挙が原因で障害者となり、1976年に亡くなりました」

楊教授の記述によると、「内人党粛清運動」では大勢の人々が殺されただけでなく、上述のモンゴル人女性のように、残忍極まりないやり方でリンチされ、身体的障害が残った人が12万人にも達したという。

以上のように、中国共産党政権は、1967年と68年の2年間、内モンゴル全域において、モンゴル人に対する大量虐殺、残忍極まりないリンチ、そして目を覆いたくなるような性犯罪を組織的、かつ大規模に展開した。それはモンゴル人に対する、世紀のジェノサイド以外の何ものでもない。歴史がそれを伝えている。

しかし、内モンゴルでジェノサイドを主導した共産党幹部や下手人たちは全員、罪を償うこともなく、いっさいの裁きを受けたことはない。それどころか、虐殺を指揮した前述の滕海清はその後、解放軍済南軍区の副司令官のポストに転属し、1988年には共産党軍事委員会から「紅星勲功栄誉章」を授けられた。モンゴル人へのジェノサイドを実行したこの極悪の犯罪者に「勲功栄誉章」を与えたことは、まさに、共産党政権こそが民族弾圧とジェノサイドの首謀者であり、真犯人であることの何よりの証拠ではないか。

そして後述するように、今の習近平政権は、新疆地域でウイグル人に対して同じようなジェノサイドを展開している。同時に、モンゴル人から民族の言葉を奪い、文化的ジェノサイドを実行した。中国共産党による民族弾圧とジェノサイドは単なる歴史的出来事ではない。現在進行形の深刻な現実なのである。

第四章
紅軍内大虐殺、陰謀と殺し合いの内ゲバ史

冤罪を着せるのはまず味方から

ここまで第二章、第三章では、中国共産党による自国民虐殺の歴史と、チベット人やモンゴル人など「少数民族」への弾圧・虐殺の歴史とを具体的な記録に基づいて明らかにした。この政党は殺人魔・嗜血鬼《しけつき》の集まりであることが、よくわかる。

嗜血的な人間たちが一つの政党を作って群れを成していると、内部で仲間同士の凄まじい殺し合いが起きるのは避けられない。かつてスターリンのソ連共産党もそうであったように、中国共産党の百年史は、激しい内部闘争と党内殺し合いの歴史でもある。

中国共産党の内部で大規模な殺し合いが最初に確認されたのは１９３０年、共産党紅軍が江西省の瑞金を中心とする広い地域に「革命根拠地」を作り上げた時だ。紅軍の最高指導者の一人、毛沢東が首謀者となり、同じ仲間のはずの紅軍の大量粛清と虐殺を行った。共産党史上に残る「ＡＢ団粛清事件」である。

まず事件の背景を説明しておこう。当時、毛沢東率いる紅軍は紅一方面軍・中央紅軍と呼ばれて共産党軍の主力部隊だったが、毛沢東部隊の拠点である瑞金以外の周辺地域では、別系統の紅軍部隊とその根拠地がいくつか存在していた。そして、全ての紅軍部隊と根拠地の上に君臨するのは上海の外国人居留地にある共産党中央指導部で、トップはあの周恩来だった。

このような図式の中で、中央紅軍を率いる毛沢東は、遠く上海から遠隔操作で紅軍を統制する中央指導部に大きな不満を持った。いずれ取って代わり、自分こそが「中央」になろうと考えた。そのための戦略として、毛沢東がまず目指したのは各系統の紅軍および根拠地を自らが中心となって統合することである。各系統の紅軍と根拠地をことごとく手に入れて自分の支配下に置けば、毛沢東は紅軍唯一の実力者となり、地盤も軍隊も持たない上海の党中央は彼の言いなりになるしかない。

紅軍統合の第一歩として、毛沢東が目をつけたのは、江西省西南部の一部地域を本拠地とする「江西地方紅軍」だった。李文林《りぶんりん》という人物をボスとするこの地方紅軍は、その根拠地が距離的に毛沢東軍にもっとも近かったため、最初の標的となった。

１９２９年秋から、毛沢東は頻繁に李文林の元へ使者を送り、中央紅軍との合併を説得した。しかし李文林とその配下の幹部たちはまったく受け付けない。各紅軍部隊の中で、毛沢東という人間の腹黒さは知れ渡っていたからである。

毛沢東はまた、上海の党中央に数回手紙を送り、各系統の紅軍と根拠地統合の重要性を訴えた。もちろん党中央は彼の訴えにいっさい耳を貸さなかった。各系統の紅軍と根拠地がバラバラになっている方が、党中央にとってコントロールしやすいからである。

翌1930年春、万策尽きた毛沢東は、極端な手段を用いて目的を達成しようと決意した。彼は、陰謀を使って党中央を騙し、党中央からのお墨付きをもらったうえで、李文林の地方紅軍部隊を徹底的に粛清しようと考えたのである。

そのために毛沢東は「AB団」という怪しげな固有名詞を持ち出した。

AB団とはもともと、1926年に国民党の一部幹部が結成した秘密団体である。本書第一章で記したように、当時、共産党のスパイが国民党内部に入りこんで凄まじい浸透工作を展開していたが、それを警戒した国民党有志は浸透を食い止めようと、AB団を作った。しかし、1927年に意を決した蒋介石が国民党組織から共産党分子をいっせいに追い出したから、AB団の存在理由は消え、その年の夏には解散した。

1930年の時点で、AB団という組織はもはや存在していない。ましてや共産党紅軍の作った「革命根拠地」にAB団がいるはずがない。しかし、李文林と江西地方紅軍を粛清するために、毛沢東は突如、この年代物の組織を持ち出して「AB団は今でも存在しており、紅軍とその根拠地に潜り込み、共産党と紅軍の上層組織に浸透している」と言い出したのである。

毛沢東は自ら捏造したいくつかの「自白」や「証言」を根拠に、李文林の率いる江西地方紅軍ではAB団がすでに全面的に浸透していて、ついに幹部層の大半を占めるようになった、との衝撃的な「調査報告」をまとめ、上海の党中央に送りつけた。

報告書には毛沢東自筆の手紙が添付されており、その中で毛沢東は、紅軍と根拠地を危機から救うために、江西地方紅軍の中に潜り込んだAB団を全員洗い出して粛清すべきだと進言した。その時、毛沢東は、もし党中央が粛清に同意した場合、具体的な任務遂行を必ず自分と中央紅軍に託してくれるだろうと踏んでいた。

しかし、さすが党中央も馬鹿ではなかった。あまりにも現実離れした毛沢東の話に皆が首をひねった。しかし、紅軍の主力である中央紅軍の指導者が大真面目にこのような重大問題を提起してきた以上、完全に無視するわけにもいかない。討議の結果、党中央は毛沢東に返事の手紙を送った。「AB団がすでに紅軍に浸透しているというなら、もっと証拠を示せ」との趣旨だった。さらに文中で党中央は、「もしAB団がそれほどまでに江西地方紅軍に浸透しているなら、貴方が率いる中央紅軍にも潜り込んでいるはずだが、どうだろう」との鋭い質問を毛沢東に突きつけてきた。

毛沢東はこれで窮地に追い込まれた。ＡＢ団が紅軍の中に存在する確かな証拠を出せなければ、李文林たちを粛清するどころか、怪しげなことを言い出した自分の立場が危うくなる。この難局をどうやって乗り越えればよいか。

そこで毛沢東は、われわれ普通の人間の想像力をはるかに超える奇策に打って出た。彼は何と、自分の指揮下の中央紅軍で、まずＡＢ団の「摘発」を行い、それを「証拠」として党中央に突きつけることにした。自分の管轄する紅軍でＡＢ団が存在する証拠を出すことができれば、中央から突きつけられた二つの難問を一気に片付けることができるからだ。

しかし、ＡＢ団の浸透話はそもそも架空のでっちあげで、どこにも存在しないのに、一体どうやって「摘発」するのか。もちろん毛沢東にとって、それはひとつも難しくない。冤罪さえ着せてしまえば、ＡＢ団の「摘発」はいくらでもできるからだ。

つまり毛沢東は、李文林の紅軍にＡＢ団の冤罪を着せるために、まずは自分の率いる部隊の、自分の子飼いの幹部や部下の中から冤罪者をでっちあげようと決めた。何という腹黒い「革命指導者」だろうか。

毛沢東は何の躊躇《ためら》いもなく計画を実行した。１９３０年5月、専門の「審査チーム」をつくり、自らが率いる中央紅軍の「紅一方面軍」で「AB団摘発キャンペーン」を開始した。「審査」の手法は至って簡単だ。まず腹心の紅軍幹部を唆《そそのか》して、「何某は実はAB団員だ」と誣告《ぶこく》させる。その証言に基づき「何某」を逮捕する。今度は何某をきつく拷問して、「AB団の仲間」を全部吐けと強要する。吐かなければ死ぬまで拷問するので、たいていの人間は苦しさに耐えきれず、言われた通りに「自供」してしまう。

「AB団の仲間」はもちろん最初から存在していないから、自供者は結局、自分が平素から恨んでいる人間や、その場で思いついた人間の名前を適当に口にする。一人の自供者から5、6名の名前を訊きだすと、審査チームはさっそくそれらの人間を逮捕して、同じやり方でまた「自供」を引き出す。このように、芋づる式の誣告によって、ありもしない「AB団員」が次々と「摘発」されていくのである。

1カ月間にわたって摘発キャンペーンを徹底的にやった結果、毛沢東配下の紅一方面軍4万人あまりの幹部と兵士から、四百数十名の「AB団員」を摘発できた。うち30名以上の「AB団幹部」は即座に処刑された。中には、毛沢東配下の幹部でありながら、平素から毛沢東のやり方に不満をもっていた紅軍幹部の多くが含まれていた。もちろん、本当の「AB団員」や「AB団幹部」は誰もいない。皆、毛沢東の陰謀の犠牲になっただけだった。

毛沢東による1万人処刑の「紅軍大粛清」

この輝かしい「成果」を手に入れた毛沢東は、摘発した「AB団幹部・団員」および処刑した者の名簿と、多数の「自供者」の証言に基づき作成した「AB団浸透の実態報告」一式を、腹心の部下に持たせ、上海の党中央に届けさせた。

これで党中央は、真剣に対処せざるを得なくなった。党中央指導部の誰一人として、まさか毛沢東が冤罪をこしらえて自分の部下を死に追いやるとは想像できなかった。党中央はこれで、「AB団はすでに紅軍全体に広く浸透している」という毛沢東のでっち上げを信じるようになった。

党中央は毛沢東の主張を聞き入れ、紅軍全体で「AB団粛清運動」を展開することを決めた。そして毛沢東の主張通り、粛清運動の突破口は、李文林率いる江西地方紅軍に定められた。そして粛清運動の全権は、自らが率いる中央紅軍で摘発の「実績」を作った毛沢東に委ねられた。すべては毛沢東の思惑通りの展開だった。

党中央の決定は当然、李文林の江西地方紅軍にも通達されたが、毛沢東はさっそく、腹心中の腹心である李韶九《りしょうく》をトップに据え「粛反委員会(反革命分子を粛清する委員会)」を編成し、江西地方紅軍へ派遣した。委員会の任務は党中央の決定に基づき、江西地方紅軍で「AB団粛清運動」を徹底的に行うことである。

1930年12月、「粛反委員会」は完全武装の特別工作隊を率いて、江西地方紅軍の根拠地である富田に到着した。委員会はさっそく江西地方紅軍の最高幹部を集めて会議を開き、李文林を職務から解任し、江西地方紅軍の全権が粛反委員会に移ったと宣言した。党中央の決定に基づく措置のため、李文林と配下の幹部たちは我慢して受け入れざるを得ない。反抗すれば、弱小勢力の江西地方紅軍は、紅軍の中の「賊軍」となって中央紅軍に撃破される運命となろう。

こうして、江西地方紅軍の粛清のため「AB団摘発」が始まった。手法は、毛沢東が中央紅軍でやったものとまったく同じ、誣告と自供の強制による芋づる式の摘発である。しかも、今度の摘発の対象は、「赤の他人」である別系統の紅軍幹部だから、委員会の手口はより一層、容赦ない残忍なものとなった。

彼らはまず、李文林を含む8名の江西地方紅軍の最高幹部を逮捕して、昼夜を問わず拷問した。ムチで強く打った直後の血だらけの体に塩を撒いたり、尖った竹の釘を指先の爪の裏から打ち込んだり、線香に火をつけて顔をゆっくりと炙《あぶ》ったり、まるで拷問を楽しむように相手を徹底的に痛めつけた。拷問の現場は、まさに阿鼻叫喚《あびきょうかん》の地獄絵図となった。

それでも思い通りに自供を引き出せない委員会は、今度は彼らの妻を全員逮捕して、夫の前でより残酷な拷問を加えた。火をつけた線香で乳首や女性の急所を炙り、ナイフで彼女たちの乳房をまるでリンゴの皮をむくかのように少しずつ削っていった。想像を絶する拷問に痛めつけられた彼女たちの悲鳴は、一晩中、町中に響いたという。

こうした拷問を一晩でもやれば、最後には、大の男の紅軍幹部たちが、まるで子供のように大声で泣き出す。拷問者の許しを乞いながら、誘導尋問されたままのことを、何もかも「自供」してしまうのである。

この8名は全員、江西地方紅軍の最高幹部だから、彼らの「自供」は委員会にとってまさに宝の山である。翌朝から、委員会の指揮下、特別工作隊の精鋭部隊による「AB団突撃逮捕」が迅速に行われた。1日にして二百数十名の大小の幹部が逮捕された。そして当日の晩から、「新参者」にたいする拷問がまたもや行われた。

一連の作業が5日間にわたり続けられた結果、江西地方紅軍から、1200名以上の逮捕者が出た。李文林の息のかかった幹部のほとんどが含まれていた。「粛反委員会」の取り調べによると、この1200名の「AB幹部・団員」が、李文林を中心に「反革命暴動」を計画していたという。しかも、暴動を起こした後の司令部のメンバーや部隊編成がすでに決められていて、新しい軍旗のデザインまでが決められていた、というのである。もちろん、すべては委員会によるでっち上げである。

次に行われたのは、銃殺による処刑である。委員会とその配下の特別工作隊は、逮捕した1200名のうち、幹部と思われる人間やとくに殺したい人間400名あまりを、銃弾一発で頭の半分を吹っ飛ばすやり方で処刑した。

李文林と数名の最高幹部の処刑は少しだけ延ばした。毛沢東が勝利者として現地に到着してから、人民裁判を開いて殺す予定だった。

しかし、粛反委員会のあまりの暴虐ぶりに、堪忍袋の緒が切れた江西地方紅軍の一部は、とうとう立ち上がった。

江西地方紅軍の主力部隊である紅二十軍には、劉敵《りゅうてき》という人望の厚い指揮官がいた。彼自身は粛清の対象から漏れていたが、上司や同僚、部下の多くが逮捕され、殺された。怒り心頭の多くの部下に推された劉敵は、粛反委員会への反撃のクーデターを決意した。大勢の兵を率いてひそかに富田に入り、粛反委員会のメンバーと配下の特別工作隊を包囲、一挙に逮捕したのである。

劉敵は処刑から生き残った逮捕者全員を解放し、彼らの無実を宣告した。一方、強力な毛沢東中央紅軍との正面衝突を避けるため、粛反委員会や特別工作隊を一人も殺さず、毛沢東の根拠地へ追い返した。

幸い、最高司令官の李文林がまだ生きていたので、江西地方紅軍は彼の下にふたたび集結し、体制を立て直した。そして、上海にある党中央に自分たちの無実を訴え、党中央の仲裁を仰いだ。

しかし李文林たちは甘すぎた。事態がこうなった以上、党中央が彼らの訴えに耳を傾けることはあり得なかった。「ＡＢ団の浸透」という毛沢東の主張を聞きいれて、毛に粛清の権限を与えたのは党中央にほかならない。いまさらそれが間違いだったと認めることは、自殺行為につながる。しかも、党中央は立場上、クーデターを起こした部隊の行動を絶対に容認できない。

すでに党中央と毛沢東は、同じ穴の狢《むじな》になっていたのだ。江西地方紅軍の事態急変を受けて、今度は党中央と毛沢東の間で緊急謀議がもたれ、協調して対応するようになった。

まず党中央は代表団を派遣し、江西地方紅軍の根拠地の「国境地帯」に入った。そして調停の会議を開くと称して、李文林・劉敵ら幹部たちを呼びつけた。いまだ党中央を信じていた李文林たちが「会議室」に入るや、全員逮捕されてしまった。党の忠実な戦士であった紅軍幹部たちは、こうして党中央の罠に引っかかったのである。彼らは弁解一つ聞いてもらえず、庭に引きずり出され、その場で全員銃殺された。李文林という紅軍の一大勢力の領袖《りょうしゅう》としては、あまりにも無念な最期であった。

同時に、毛沢東は電光石火の行動を開始した。クーデターを起こした紅二十軍は、党中央の命令にしたがって、富田周辺に待機していた。毛沢東の派遣した大部隊が突如現れると、彼らを包囲した。そして党中央の新しい命令と称して、士官、兵士全員を武装解除した。

それから、紅軍史上最大規模の集団大虐殺が、富田の地で始まった。毛沢東の部隊は、紅二十軍の伍長以上、とにかく「長」という肩書の者を全員洗い出して、有無を言わさず処刑の対象にした。その際、クーデターに積極的に参加したかなど、もはや関係なかったし、「ＡＢ団員」かどうかも、どうでもよかった。とにかく、殺したいやつということで全員、銃弾一発で殺された。

現場にいた関係者が後に回顧したところによると、その日は一晩中、富田周辺の雑木林や山林の中から、あるいは丘の上から、爆竹のような銃声が鳴り響いたという。死骸は全部、その場に埋められ、虐殺の痕跡はいっさい残されなかった。翌朝になると、いつものような静けさが戻り、何事もなかったかのようだったという。

殺された江西地方紅軍の幹部や軍人の数は6千人以上に上ったと、後世の研究によって明らかにされている。

それでも毛沢東の虐殺は止まらなかった。彼は次の粛清の矛先を江西地方紅軍が開拓した根拠地の党と行政の組織に向けた。「ＡＢ団狩り」はふたたび始まり、そこで毛沢東たちはまた、四千数百名を処刑した。

こうして、江西地方紅軍の幹部と根拠地の党・行政の幹部、合わせて1万人以上が、まったくの冤罪で処刑されてしまった。江西地方紅軍とその根拠地を手に入れたい毛沢東の個人的野心はこうして、1万人の紅軍・共産党仲間の命を奪ったのである。

もちろん、殺された紅軍幹部や党幹部の多くも、もともと野放図な殺人集団から身を起こして、彼らの根拠地を作り上げた者たちである。李文林配下の紅軍も、本書の第二章で記した「一村一焼一殺」を数多くこなしたはずだ。彼らの横死は結局、殺人魔たちが同じ殺人魔同士、仲間によって殺されただけのことだろう。中国共産党の革命とは最初からそういうものであり、この党はその本質において、殺人魔の集団だと言えるのである。

7万人の「革命同志」はこうして殺された

上述の富田虐殺は、紅軍におけるさらなる大虐殺の序章にすぎなかった。富田であればほどの粛清と殺戮を行った以上、党中央と毛沢東は、党全体、紅軍全体に対して、彼らの措置の正当性を証明しなければならない。江西地方紅軍でのＡＢ団摘発が正しいことだったなら、当然、紅軍全体に拡大して行わなければならない。

そこで党中央は、毛沢東主導の粛清は、党と紅軍を「ＡＢ団による反革命的転覆」から救った壮挙であると称え、全党と全軍に「毛沢東に並べ」と呼びかけた。そして党中央の決議として、すべての党と紅軍組織および革命根拠地で、「ＡＢ団粛清」キャンペーンを直ちに開始せよと号令をかけたのである。

こうして、１９３１年春から、「ＡＢ団粛清」の嵐が中国共産党配下のすべての党・軍組織と根拠地で吹き荒れた。毛沢東の発明した誣告と拷問による芋づる式の粛清手法があっという間に全根拠地に広がり、毛沢東式の集団虐殺が各地の粛反委員会の手によって次々と実行された。

それは、党中央と毛沢東にとって、たいへん好都合なことだった。全根拠地で殺戮が始まれば、彼らが富田で手を下した虐殺は、もはや目立たない。殺人も、皆でやれば怖くないのだ。

その結果、1931年夏に粛清キャンペーンが終わった時点で計算すると、共産党全党と紅軍全軍で、総計7万人以上が処刑されたという。中には、党と紅軍幹部の一部親族まで含まれていた。

この紅軍史上最大の虐殺が終わると、首謀者・発案者の毛沢東は当初の目的を完全に達成した。江西地方紅軍の根拠地をまんまと手に入れ、紅二十軍の生き残りの兵士たちを彼の部隊に編入した。毛沢東はこれで、紅軍内の最大勢力を擁することになった。

そして1931年秋、富田大虐殺のわずか11カ月後、毛沢東の本拠地である江西省瑞金で、紅軍の全根拠地を統合した「中華ソヴィエト共和国臨時政府」が成立した。主席に収まったのは毛沢東である。彼は陰湿極まりない謀略を巡らし、残酷極まりない非道な手段を用いて、念願のポストを手に入れた。毛沢東が握った「革命指導者」の地位は、まさに7万人の「革命同志」の死骸の上に築かれたものである。

もちろん、彼との権力闘争に破れて殺されていった李文林ほか紅軍幹部も、無辜《むこ》の人間では全くない。彼らもまた、多くの残酷な虐殺を行うことで、紅軍で出世した者たちであったろう。

彼らは結局、より残酷でより腹の黒い仲間に殺される運命をたどった。考えてみれば、中国共産党の中には、腹の黒くないやつはおらず、殺人魔でない者はいない。違いがあるとすれば、腹の黒いやつと、より一層腹の黒いやつとの差だけであり、大殺人魔と小殺人魔との違いしかないのだ。

陰謀と粛清と殺し合いの中国共産党史（その一）

粛清した革命同志の死骸を踏み台にして「革命根拠地」の頂点に立った毛沢東は、やがて自分自身も党中央による排除の対象となった。

中華ソヴィエト共和国臨時政府主席になった彼は、ますます横暴になり、党中央を蔑《ないがし》ろにする態度を露骨にとるようになった。そこで1932年10月、上海から革命根拠地に入った周恩来は中央紅軍の指揮権を毛沢東から取り上げた。毛から軍事指揮権と政治的実権を取り上げ、実権のない主席に祭り上げた周恩来を中心とする中央指導部は全面的に根拠地に入り、党・政府・軍の全権を握った。

しかし党中央が田舎の革命根拠地に移動してしまうと、スパイ工作による国民党軍内部情報のキャッチがますます困難になった。周恩来たちはせっかく軍権を握ったものの、国民党軍の掃討作戦の前に連戦連敗。1934年、共産党指導部と紅軍はついに革命根拠地を放棄して、中国北部を目指して大逃亡（長征）を始めた。

大逃亡の途中、貴州省遵義《きしゅうしょうじゅんぎ》で、存亡の危機に立たされた共産党は拡大政治局会議を開き、周恩来の軍事的失敗を清算した上で、軍事指揮の最高機構として「三人組」を新設した。周恩来は依然として「三人組」のトップに君臨するが、毛沢東と王稼祥《おうかしょう》の2名が「三人組」に入った。それまで党と軍の機関紙発行などの宣伝工作を担当してきた王稼祥は、そもそも軍事に疎《うと》い人間である。遵義会議からまもなく、周恩来が体調を崩し重病となったため、紅軍の実際の指揮権は毛沢東が独占する結果となった。

大逃亡の末に紅軍は、中国北部の陝西省延安地域にあった、別系統の紅軍ボス・劉子丹《りゅうしたん》の作った根拠地に入り、乗っ取った。新根拠地・延安に落ち着くと、毛沢東は周恩来などの「コミンテルン派遣組」に対抗して、軍権の全面掌握と自らの勢力拡大に精を出した。

当時、中国共産党内と紅軍内部には、二つの勢力が存在した。一つは中共の生みの親であり、資金提供者でもあるコミンテルンに育てられ、中国に送り込まれた幹部たちだ。モスクワ留学帰りの王明《おうめい》がその代表格だが、この派閥の本当の実力者は周恩来である。もう一つの勢力は、モスクワへ行ったこともなくコミンテルンと直接関係のない共産党の土着勢力であり、農村地帯での革命根拠地開拓で頭角を現した勢力である。その勢力の中心となったのが毛沢東、そして彭徳懐《ほうとくかい》や劉伯承《りゅうはくしょう》など地方出身の軍人だった。

1937年、日中戦争の勃発に伴い「第二次国共合作」が実現した。毛沢東にとって、権力の全面掌握の絶好のチャンスが巡ってきたのだ。「第二次国共合作」の下、周恩来は共産党代表として国民党政府がおかれた重慶へ赴き、長期滞在することになった。周恩来の留守を狙って、毛沢東は本拠地・延安で一挙に党中央の掌握に動いた。まず1942年、「延安整風」と称する政治運動を発動した。コミンテルンによって送り込まれた幹部たちに対し、自己批判の強要や拷問による「スパイ自供」など、お家芸の手法を用いて徹底的な打撃を与えた。彼らの一部を失脚させ、一部は屈服させて、毛沢東への忠誠を誓わせた。

運動の途中、周恩来も重慶から延安に呼び戻されて、自己批判を強いられた。延安に戻った周恩来は、党中央がすでに毛沢東によって掌握された事実を知った。そこで彼は、毛沢東と対抗する考えを捨て、厳しい自己批判を展開した上で毛沢東への服従と忠誠を表明した。中国共産党史上、長きにわたり毛沢東の上司として党に君臨した周恩来が、毛沢東に降服して「家来」の立場になった瞬間だった。

毛沢東が共産党最高指導者の地位を確立した延安の整風運動では、二人の人物が大活躍して出世を遂げた。二人とも「コミンテルン派遣組」の幹部であったが、毛沢東一派に寝返ったのだ。

一人は4年間のモスクワ滞在中に、ソ連秘密警察からスパイのノウハウと拷問のやり方を学んで延安に来た康生《こうせい》。毛沢東は共産党スパイ機関の大ボスである周恩来に対抗するために、康生を重用した。もう一人は劉少奇《りゅうしょうき》である。ソ連に留学し、帰国後は国民党政府の支配地域で労働運動や地下活動を指導して頭角を現した。

整風運動が吹き荒れる中、康生はソ連で学んだ拷問法を生かして多くの党員幹部を「スパイ」だと摘発して粛清し、毛沢東の政敵打倒に大きく貢献した。一方の劉少奇は、ソ連留学で叩き込まれた「マルクス理論」を活用し、毛沢東のための理論武装を行った。「毛沢東思想」を丹念に作り上げて、それを中国共産党の「指導理念」に祭り上げた。

それらの功績で、康生は周恩来に取って代わる共産党スパイ組織のボスの地位を固めたし、劉少奇は周恩来を抜いて党内序列ナンバー2の地位を手に入れた。

陰謀と粛清と殺し合いの中国共産党史（その二）

整風運動で毛沢東独裁体制が成立してから7年目の1949年、中国共産党は国民党政府との内戦で歴史的勝利を収め、今の中華人民共和国を建国した。それ以来の共産党政権史もまた、内ゲバと殺し合いの歴史そのものである。

建国後、最初に激しい権力闘争が展開されたのは1954年の「高崗《こうこう》事件」である。高崗は共産党の古参幹部の一人で、延安時代、すでに共産党政治局員になっていた。中共の建国に際して中央人民政府副主席の一人に選ばれ、旧満州の東北地域を統括する最高幹部として権勢を振るった。

1953年、高崗は北京に呼ばれて国家計画委員会主席に就任した。中共がソ連の真似をして作り上げた計画経済において、国家計画委員会は経済運営の司令塔だ。毛沢東は高崗を使って、国務院総理（首相）である周恩来から経済運営の実権を奪おうとした。

中共政権の成立以来、周恩来はずっと首相の座にいたが、独裁者の毛沢東は、周恩来の能力を認め、有能な臣下として使いながらも、党内に人望のある、このかつての上司を常に警戒していた。毛沢東は特に、国家の行政機関の権力が周恩来に集中しないよう用心していた。高崗の起用はまさにそのための駒の一つだった。そして毛沢東は時々、高崗に「君の才能は首相でも十分に務められるだろう」と呟き、暗示をかけた。一方の高崗も毛沢東の内心を察して、自分の権力拡大の好機と考え、周恩来を排除して取って代わるために、色々と工作を行った。

そこで周恩来は、静かな反撃を始めた。彼は劉少奇に、高崗の勢力がこれ以上拡大すれば、いずれ貴方の地位も危ないだろうと説き、劉少奇を味方につけた。劉は迅速に動き出し、陳雲や鄧小平など最高幹部たちの支持を取り付けて、強力な「反高崗同盟」を作り上げた。

そして彼らは連名で毛沢東に対し、「高崗は裏で陰謀を巡らして党を分裂しようとしている」と訴え、高崗の排除を求めた。劉少奇と周恩来が高崗潰しで一致団結したことに吃驚仰天《びっくりぎょうてん》したのは毛沢東だった。劉少奇と周恩来を選ぶのか、それとも高崗を選ぶか、二者択一を迫られた彼は結局、掌を返すように高崗を切り捨てることにした。

周恩来との権力闘争に敗れ、毛沢東に梯子を外された高崗は絶望のうちに、毛沢東への無言の抗議のため服毒自殺した。もう一人、彼の道連れにされて失脚した饒漱石《じょうそうせき》は、共産党組織部長であった。

ちなみに中国には、毛沢東が共産党最高幹部たちと天安門に立って建国を宣言する場面を描いた『開国大典』という有名な油絵があるが、主要人物の一人である高崗の姿はまず、この油絵から削られて消された。

「高崗事件」から5年後の1959年、毛沢東は解放軍の大物軍人を失脚させた。江西省の井崗山を根拠地に武装革命を起こしたとき以来、ずっと毛沢東の忠臣として追従してきた彭徳懐である。

国民党政府軍との内戦で、彭徳懐は林彪と並ぶ共産党軍の猛将として多くの戦功を立て、毛沢東の天下盗りに多大な貢献をした。中共政権成立翌年の1950年、毛沢東が「志願軍」を派遣して朝鮮戦争に参戦すると決めた時、米軍と戦うことを嫌がった林彪が、病気を理由に司令官就任を拒否したのに、彭徳懐は捨て身の覚悟でそれを引き受けた。そして大軍を率いて朝鮮半島に入り、圧倒的軍事力を持つ米軍と3年間にわたり勇猛に戦った。彭徳懐は終始、毛沢東の忠臣であり、大変な功臣でもあったのだ。

しかし、功臣の彭徳懐はやがて毛沢東の手にかかり、粛清される羽目になった。

1959年夏、政治局委員で国防相の彭徳懐は、毛沢東が進める「大躍進政策」に疑問を持ち、毛沢東に直に手紙を送って自分の意見を申し立てた。すると毛沢東はこの手紙を党の会議で公開し、高級幹部たちを動員して彭徳懐への「人民裁判式」の批判を展開した。毛沢東はさらに、彭徳懐に近い高級幹部の3名に「彭徳懐反党集団」のレッテルを張り、全員失脚させた。中共政権において、「反党」のレッテルを張られることは、直ちに政治上の死を意味する。

この事件の一番の謎は、毛沢東は一体なぜ彭徳懐を粛清しなければならなかったか、である。彭徳懐は毛沢東の地位を政治的に脅かす存在では全くないし、毛沢東への批判や反対を展開したわけでもなかった。彼はただ、政策についての異議を申し立てるために、毛沢東に手紙を送っただけである。個人的に手紙を送ったことは、要するに彭徳懐が公の場で毛沢東を批判するのを極力避けていたからだ。毛沢東が手紙の内容に何らかの不満があっても、彭徳懐を呼んできて叱れば良いし、あるいは手紙を無視すれば終わる話だ。

しかし毛沢東はあえてこの手紙を公開した上で、彭徳懐を批判する会議を開き、彼を失脚させた。それは一体なぜなのか。

実は、毛沢東が彭徳懐に対する批判会議を主催したとき、参加者の高級幹部たちは毛沢東の真意を図りきれず、迷っていた。すると毛沢東は、会議の本題とは何の関係もない自分の息子たちの話を持ち出した。ここで参加者たちはようやく、毛沢東の本心を察することができたのだった。

毛沢東には、最初の妻との間に二人の息子がいる。長男の毛岸英《もうがんえい》と次男の毛岸青《もうがんせい》である。二人は幼少期、ソ連で育ったが、共産党政権成立の直前にソ連から帰国した。しかし次男の毛岸青はすでに統合失調症を患《わずら》っており、精神障害に悩まされていた。長男の毛岸英だけは心身ともに健康である。

毛沢東は、この毛岸英を自分の政治的後継者として育てようとした。その際、毛岸英に軍歴のないことが政治的弱点だった。そこで、彭徳懐が「志願軍」司令官として朝鮮戦争に赴いたとき、まさに自分の息子に箔《はく》を付けるために、毛沢東は毛岸英を彭徳懐に託して従軍させた。

彭徳懐は毛沢東の心を察し、毛岸英を志願軍総司令部に配属して常に自分の身辺に置いた。しかし運の悪いことに、毛岸英は米軍の空襲によって戦死してしまった。彭徳懐は米軍との戦闘を生き残り、帰国したものの、毛沢東はその唯一にして大事な後継者を失った。

それ以来、毛沢東はずっとこの一件を根に持ち、彭徳懐をひそかに恨んでいたのだった。

１９５９年、彭徳懐が件の意見申し立ての手紙を送ってくると、毛沢東はついに、これを理由に彭徳懐を失脚させ、長年の恨みを晴らすことができた。

前述のように、毛沢東が彭徳懐批判の党内会議で自分の息子の話を持ち出したところで、高級幹部たちはようやく毛沢東の本心に気がついた。そこで彼らは態度を一変させ、何の落ち度もない彭徳懐を袋叩きにする批判を展開した。劉少奇も周恩来も皆、声を荒らげて猛烈な彭徳懐攻撃に転じた。その時の共産党指導部の幹部たちは、まるで毛沢東手下の猛犬の群れと化したかのように、かつての仲間にいっせい嚙み付いた。

とりわけ、もっとも激しい言葉で彭徳懐を罵《のの》ったのは、同じ大物軍人の林彪である。彭徳懐が失脚した後、林彪は当然のごとく後任として国防相のポストに収まった。中共政権の中では、人を引きずり下ろすことこそ、自らの出世の一番の近道なのである。

陰謀と粛清と殺し合いの中国共産党史（その三）

彭徳懐が疑問を持った毛沢東の「大躍進政策」の推進とその失敗は、共産党政権内における次の大粛清の伏線となった。

町内のお爺ちゃんやお婆ちゃんまで動員し、手作りの高炉で鉄鋼を作らせるような、めちゃくちゃなやり方で進めた毛沢東の「大躍進政策」は、当然のことながら、完全な失敗に終わった。また、本書第二章でも記したように、「大躍進政策」の推進によって農村地域で大飢饉が起こり、数千万人の人々が餓死した。１９５９年から61年までのわずかな時期のことである。

「大躍進政策」失敗後に、混乱の収拾役を任されたのは劉少奇と鄧小平ら、現実路線派の幹部だった。彼らは数年間、さまざまな政策転換を行い、必死に頑張った。中国経済はやっと瀕死の状態から立ち直り、共産党政権はこの難局を何とか乗り越えた。

その結果、劉少奇と鄧小平一派には、共産党幹部から絶大な信頼と支持が集まった。その一方、毛沢東は現実知らずの頓珍漢な指導者だと見なされ、共産党幹部集団から敬遠されるようになった。

１９６１年以降、こうした状況が続いていたが、もちろん毛沢東は指を咥《くわ》えて自らが権勢を失っていくのを眺めていたわけではない。彼は劉少奇一派打倒の決意を心中に秘めて、陰謀を企んでいた。

共産党幹部たちがすでに劉少奇支持で固まった以上、かつて彭徳懐をやっつけた方法と同じように、会議を開いて劉少奇を失脚させるのは無理だった。そこで毛沢東は秘策を考え出した。後に「紅衛兵」と呼ばれる若者や「造反派」と呼ばれる不満分子を動員して、劉少奇一派の支持基盤である共産党幹部集団そのものを潰すことである。つまり毛沢東は、共産党政権の最高指導者として民衆による「下克上」を進んで煽動し、それを利用して自分に抵抗する共産党幹部集団を粉砕する。その一方で毛沢東は、林彪を使って軍を完全に掌握し、軍の支持と絶対的服従をバックに劉少奇一派を政治的に圧倒した。

この闘いは毛沢東の完勝に終わり、劉少奇とその一派とされた幹部の多くが失脚し、紅衛兵たちの吊し上げの対象になった。劉少奇自身は監禁され獄死。夫人の王光美も刑務所に送られた。鄧小平は命だけは助けられたが、農村に下放され軟禁された。

ちなみに、劉少奇の失脚・獄死後、彼の姿が描かれていた前述の油絵『開国大典』はもう一度塗り替えられた。劉少奇もまた、この歴史的場面から消されたのだ。

紅衛兵たちの吊し上げや拷問の標的は、やがて「反毛沢東」の共産党幹部から拡大していき、一般の知識人や学校の先生にも及んだ。本書第二章でもその実態を一部断片的に記したが、文化大革命中にはおよそ数千万人の人々が、殴り殺されたり自殺したり獄死したりして命を失った。そして1億人単位の人々が、何らかの形で政治的迫害を受けた。

今から考えれば、共産党政権史上に残る大事件だった文化大革命は、毛沢東が自分の失った権力を劉少奇一派から奪い返すという、たった一つの目的のために、中国全体が阿《あ》鼻叫喚《びきょうかん》の地獄と化して、数千万人の人々の命が奪われたのである。自分一人の権力欲のために国民を地獄へ陥れた毛沢東という共産党指導者は、どれほど腹黒い人物で、どれほど冷酷な暴君か、はかり知れない。しかし中共政権では、彼のような悪魔の心を持つ究極の悪人ほど権力の頂点に立つことができ、そして権力闘争に勝つことができたのだ。

この文化大革命の中で大きく台頭した二つの勢力があった。一つは軍をまとめて毛沢東を全面的に支持した林彪と、彼の直系の軍人集団である。もう一つは、毛沢東夫人である江青《こうせい》とその仲間たち、後に「四人組」と呼ばれるグループである。

しかし毛沢東は林彪たちを大いに利用しながら、内心ではこの軍人集団を非常に警戒していた。軍はいつの間にか、毛沢東の軍ではなく林彪の軍となっているのではないか、と。そして、劉少奇一派がすでに粛清された以上、林彪の役割はとっくに終わっていたのである。林彪一派は必然的に、毛沢東の次の粛清の標的になった。

もちろん林彪たちも、毛沢東の腹黒さをよく知っているから、粛清の手がいずれ自分たちの身に及んでくることは百も承知だった。しかし軍人である彼らは、座して死を待つようなことはしない。林彪たちもまた、毛沢東打倒のクーデターを企んでいた。

しかし権力闘争にかけては、やはり毛沢東の方が一枚上手であった。林彪たちの企みを察知した毛沢東は、党内の別の実力者であり、林彪一派の台頭を快く思わない周恩来と組むことにした。党と軍、そしてスパイ組織に隠然たる力を持つ周恩来を味方につけていれば、林彪一派は怖くないのだ。

こうして毛沢東・周恩来の同盟が動き出すと、林彪一派はじわじわと追い詰められていった。林彪は起死回生の策として毛沢東の暗殺を企んだが、失敗に終わった。1971年9月、万事休すとなった林彪は妻と息子を連れ、飛行機で中国から脱出してソ連へ向かった。そして飛行機がモンゴル共和国内で墜落し、林彪一家は横死した。その後、林彪一派の幹部たちはことごとく失脚して牢獄入りとなった。

劉少奇失脚後の1969年4月、林彪は第9回共産党大会で唯一の副主席となり、毛沢東の後継者に指名され、栄光の絶頂にあった。しかしそのわずか2年半後、林彪は毛沢東と周恩来に追い落とされ、家族と共に悲惨な最期を遂げた。共産党政権内の権力闘争と殺し合いは、このように恐ろしいものなのだ。

林彪一派を粛清した後、毛沢東にふたたび政治的大問題が生じた。彼に協力して林彪一派の打倒に大きな役割を果たした周恩来の存在感が、以前にも増して大きくなったからだ。

共産党政権内では、毛沢東以外に、周恩来に対抗できる人物や政治勢力はもはや存在しなくなっていた。

それから数年間、周恩来勢力をいかに押さえつけておくかが、毛沢東の政治課題となった。そのために彼は、江青グループに属する、王洪文《おうこうぶん》という上海出身の若手幹部を中央に抜擢した。王洪文をいきなり党副主席に任命し、党内の序列を古参幹部の周恩来の上に置いた。毛沢東はまた、自分の手で一度失脚させた鄧小平を政治中枢に呼び戻して復活させた。もちろん、「周恩来押さえつけ」の方策だった。

当時の中国は、文革の大混乱の中で経済がどん底に陥り、党員幹部以外の国民全員が極貧生活を強いられていた。しかし毛沢東にとって、そんなことはどうでもよかった。彼の最大にして唯一の関心事は、潜在的な政敵の出現や台頭をいかにして押さえ込むかであり、自分の絶対的権力をいかに保つかである。

しかし毛沢東の「周恩来対策」はあまり奏功しなかった。チンピラの王洪文は中央に抜擢されると、贅沢三昧と女遊びに余念がなく、まったく役に立たなかった。鄧小平は復権して中央に戻ると、毛沢東側近の江青グループと悉《ことごと》く対立し、周恩来に接近する姿勢を徐々に鮮明にした。

毛沢東が困っていると、この老いた独裁者に「朗報」が届いた。周恩来が癌《がん》にかかったのである。毛沢東にとって、これこそ「周恩来問題」解決の絶好のチャンスであり、使わない手はない。そこで毛沢東はかなり陰険かつ残忍な手口を使った。周恩来の癌の初期段階で、毛沢東はまず、手術を施さないこと、本人に告知しないことを医師団に厳命した。そして周恩来自身が知らないまま、癌細胞が身体内に転移して病状がかなり悪化した後、毛沢東の意向を受けた医師団は、13回にわたって周恩来に無意味な手術を施し、患者の体を徹底的に壊していった。

その時の毛沢東には、周恩来殺しを急がねばならないもう一つの切実な理由があった。林彪事件の直後から、毛沢東自身もかなりの難病を患い、健康状態が悪化の一途をたどっていた。こういう状況で、毛沢東がもっとも恐れたのは、自分が周恩来よりも先に死ぬことだった。そうなれば天下は周恩来の手中に転ぶに違いない。毛沢東としては何としても自分の目の黒いうちに、周恩来をあの世に送らなければならなかった。

結果として毛沢東の願いが叶い、1976年1月、周恩来はとうとう病死した。病死と言うより毛沢東に殺されたと言っていい。13回の「殺人手術」を受けて死ぬとき、周恩来の体重はわずか30キログラム程度であった。

周恩来死去の晩（一説によるとお葬式の晩）、毛沢東は中南海の自分の住居で数時間爆竹を鳴らし、40年以上にわたって自分に仕えてきた部下の死を祝ったという。この共産党指導者の心はどこまで闇が深く、どす黒いのだろうか。

周恩来が死去すると、今度は「周恩来牽制」のために中央に呼び戻した鄧小平が、毛沢東にとって邪魔となった。1976年春、毛沢東はふたたび鄧小平を失脚させる。同時に、自分の死期も近いと悟った毛沢東は、華国鋒《かこくほう》という幹部を後継者に指定した。自分の死後、大した能力もなく政治基盤のない華国鋒が「毛沢東路線」をひっくり返すことはないだろうとの計算だった。

そして1976年9月、長年の権力闘争で多くの政敵と同僚、仲間を死に追いやり、億単位の中国人民に地獄の苦しみを味あわせた毛沢東は、罪悪に満ちた生涯をようやく終え、死去した。「毛沢東時代」の終焉である。

もちろん毛沢東の死は、党内での新たな権力闘争の始まりを意味する。彼の死去から1カ月も立たない同年10月6日、華国鋒は周恩来に近い軍人の葉剣英らの協力を得て、江青夫人ら「四人組」を一網打尽に逮捕した。毛沢東夫人が毛沢東の指名した後継者によって粛清された構図だが、それは、黄埔軍官学校時代以来、周恩来に従ってきた葉剣英による、周恩来殺しの首謀者・毛沢東への事実上の復讐でもあった。

権力闘争と殺し合いはいつまでも続く

四人組逮捕の後、しばらくは華国鋒を中心とした指導体制が維持されたが、長くは続かなかった。解放軍内に大きな勢力を擁する鄧小平は復活後、亡き周恩来の勢力と連携して華国鋒を引きずり下ろし、実質上の「鄧小平政権」を樹立した。しかし老獪《ろうかい》な鄧小平は、党主席などのポストを決して引き受けようとしない。彼は自分の子飼いの幹部である胡耀《こよう》邦《ほう》と趙紫陽《ちょうしよう》の2名をそれぞれ共産党総書記と首相の椅子に座らせ、自分は裏で政治を操る道を選んだ。

しかし胡耀邦と趙紫陽の急進的な改革姿勢が党内の長老たちの猛反発を受けると、鄧小平は自らの保身のために、まず胡耀邦を失脚させ、やがて趙紫陽も切り捨てた。こうした中で1989年6月、本書第二章で詳しく取り上げた六四天安門事件が起きたのだった。天安門事件後に誕生したのが江沢民政権である。鄧小平は依然として舞台裏で中国政治を操った。「鄧小平院政」は1997年まで続いたが、この年に鄧小平が死去し、江沢民はやっと自立することができた。２００２年に江沢民が引退すると、その後継者となったのは鄧小平によって次期総書記に指名されていた胡錦濤である。江沢民にとってそれは全く不本意な後継者人事だから、胡錦濤政権の10年間、江沢民はかつての鄧小平と同じやり方で「闇将軍」となり、政治を操って胡錦濤の施政を大いに邪魔した。

そして２０１２年、胡錦濤の引退のとき、依然として隠然たる力を持っていた江沢民一派は、胡錦濤意中の後継者人事を潰して、自分たちに近い、習近平という幹部を担ぎ出して胡錦濤の後継に据えた。今の習近平政権の成立はまさに江沢民一派の企みの結果であるが、一方の習近平は共産党最高指導者に就任した後、自らの権力基盤を固めるため「腐敗摘発」という手段を使って江沢民派のかつての重鎮たちを次から次へと葬り去っていった。中国共産党の政治力学の中では、かつての恩人こそ、真っ先にやっつけなければならない存在なのである。

そして本書の最終章で記すように、この習近平こそ、鄧小平以来の共産党史上、もっとも腹黒い悪辣な指導者であり、今の世界にとり最大級に危険な人物である。独裁者・習近平の誕生は、江沢民が自分たち一派の権勢を守るために横車を押した、裏人事の結果なのだ。

以上が、１９３０年代の「革命根拠地時代」以来の、中国共産党内の残酷で激烈な権力闘争史の概要である。事実、１９４9年の中共政権成立以来、現在に至るまでの72年間で、共産党政治局委員となった１５５名のうち、28名が粛清されて失脚した。そのうち自殺は2名、他殺が2名、獄死が13名であった。

そして今でも、高級幹部収監専用の北京郊外の「秦城監獄」には、習近平の手で送り込まれた元共産党政治局委員が5名も収容されている。彼らは監獄の中で「第二の政治局会議」を開くことができるだろうが、当の習近平もいずれ「秦城入り」して彼らの仲間に加わる可能性も、全くないわけではない。

共産党政権が存続する限り、そのお家芸である醜い権力闘争・内ゲバも、延々と続いていくのである。

第五章

周恩来、美化された「悪魔の化身」の正体

「不倒翁」の華麗すぎる政治遍歴と保身術

一部の読者は既にお気づきと思うが、中国共産党史がテーマの本書のこれまでの章節において、もっとも頻繁に登場しているのが、周恩来という人物である。

毛沢東は中共創立時からの重要メンバーで、後に党最高指導者として君臨したが、毛と比べても、中共史上における周恩来の重要性は全く遜色《そんしょく》がない。何しろ、1928年から35年までの7年間、周恩来は中国共産党の事実上の最高指導者として党と紅軍全体の指揮をとり、スパイ機関の大ボスであり、そして毛沢東の上司だったのである。

1935年の遵義《じゅんぎ》会議以後、共産党軍の指揮権が周恩来から毛沢東の手に移り、そして「延安整風」で毛沢東の独裁的地位が確立した後、周恩来は完全に毛沢東の臣下となり、仕える立場になった。しかしそれでも1976年に死去するまで、周恩来はずっと中国共産党の中心人物の一人として活躍し、中華人民共和国の建国と国家運営において、キーマンとしての役割を果たした。

1949年の中共政権樹立のとき、周恩来は中央政府の政務院総理（首相）に任命され、以来27年間、政務院が国務院に改組された後も、彼はずっと総理の椅子に座り続け、一度も離れたことはない。当時、中国では「総理」と言えばすなわち周恩来のことだった。役職名がそのまま彼の代名詞となり、総理職は彼専用という感があった。

１９４２年に毛沢東の独裁的地位が確立されてから、毛自身の死去までの三十数年間、党の最高幹部の多くは毛沢東の手によって粛清され、死に追いやられた。詳細は本書第四章で記した通りだが、中央人民政府の副主席だった高崗は自殺に追い込まれ、政治局員・国防相の彭徳懐は失脚。そして文化大革命が始まると、国家主席の劉少奇が紅衛兵の吊し上げの標的となって獄死した。１９７０年代にも、劉少奇打倒で手柄を上げ、党の副主席に上り詰めた軍人の林彪が、毛沢東との政治闘争に敗れて亡命中、乗っていた飛行機の墜落で横死した。もう一人の重要人物である鄧小平は、文革中に毛沢東の鶴の一声で、二度も失脚の憂き目にあった。

しかしこうした激しい権力闘争の中で、党最高指導部に身をおきながら、一度も失脚しなかったのが周恩来である。多くの同僚たちが権力闘争に敗れ、消えていった中で、周恩来はずっと無傷のまま自らの地位を保ち、死ぬまで首相の椅子に座ることができた。

周恩来はなぜ、地位を長く保つことができたのか。「不倒翁《ふとうおう》（起き上がり小法師《こぼし》）」の異名を持つ周恩来の政治的長命の秘訣は一体どこにあったのか。

周恩来が一度も失脚せずに首相職を長く務められた理由の一つは、ずば抜けた有能さである。内政上の実務処理での周恩来の優れた手腕はまさに天下一品、外交でも一流で、世界トップクラスの政治家の誰とも互角に交渉できた人物だ。独裁者・毛沢東にしてみれば、周恩来のような有能な部下は大いに役に立つから、失脚させるにはあまりに惜しい。

しかし他方で、毛沢東は周恩来を使いこなしながら、常に彼の勢力が増大するのを警戒し、周恩来を押さえつけておく深謀に腐心していた。そのために毛沢東がとった手法の一つは、自分の下、周恩来の上にいつも、第三の人物をナンバー2として置くことだった。第三の人物を番犬役に用いて、周恩来を監視・抑制し、最高指導者である毛沢東自身の地位を直接脅かすことがないよう、ナンバー2にクッションとしての役割を持たせるのである。

1942年から66年まで、第三の人物の役割を担ったのは、党内序列ナンバー2で国家主席にもなった劉少奇だった。そして文革中に劉少奇が失脚すると、毛沢東は、今度は軍人の林彪を党内序列ナンバー2の地位に引き上げ、「周恩来抑制」の重石に使った。

しかしこの林彪もやがて毛沢東と対立し、粛清される。林彪亡き後、誰を使って周恩来を抑えるか。色々悩んだ末、毛沢東は結局、自らの手で一度粛清した鄧小平を中央に復活させ、周恩来に代える形で政務を担当させた。同時に毛沢東は、上海から造反派出身の青二才幹部、王洪文を中央に抜擢し、無理矢理、党内序列ナンバー2に据えた。毛沢東としては、とにかく何としても周恩来を抑えつけねばならない。周恩来に対する警戒心はそれくらい根深いのだ。

一方の周恩来にとり、自分の上に常に党内ナンバー2がいることはむしろ幸いだった。彼自身も一貫して、党内ナンバー3の地位を維持することに満足していた。その理由は実に簡単だ。猜疑心《さいぎしん》の強い独裁者・毛沢東の下では、党内ナンバー2こそ、もっとも危ない立場だからである。

党内ナンバー2は当然、ナンバー1の毛沢東にもっとも近い立場であり、あと少しで地位に手が届くような距離にいる。ナンバー2の本人に野心があるかどうかは別として、毛沢東からすれば、自分にもっとも近いナンバー2こそ、自分の地位を脅かす存在になりうるから、大いに警戒しなければならない。そしてナンバー2が少しでも、毛沢東の権威を蔑《ないがし》ろにするそぶりを見せたり、毛沢東への絶対服従に疑わしいふるまいをしたら、毛沢東は直ちに疑心暗鬼となり不信感を募らせ、ナンバー2の入れ替えを考え始める。それが結果的に両者間の対立と不信感を強め、ナンバー2は粛清される。劉少奇、林彪がそうだった。

しかし、毛沢東とナンバー2との緊張関係の埒外《らちがい》にいる周恩来にとって、この状況はむしろ安全であることを意味した。毛沢東が周恩来への警戒心で、常に周の上にナンバー2をおいたことで、皮肉なことに、毛沢東は常に、このナンバー2に対しても警戒心を絶やさないよう腐心する羽目になった。周恩来は逆に、もっとも安全な場所に身をおきながら、毛沢東とナンバー2との緊張感の高まりを静観できた。

そうした時の周恩来の凄さはまず、毛沢東の指名したナンバー2に対する彼の恭順な態度に現れた。例えば劉少奇の場合、党内での経歴と地位は周恩来の足元にも及ばなかったが、劉少奇がナンバー2に指名されると、周恩来は直ちに順従な部下になったような卑屈な態度で劉少奇に接し、毛沢東に仕えたのと同じ態度で劉少奇にも仕えた。

林彪の場合も同じだ。林彪はもともと黄埔軍官学校の生徒であり、軍官学校政治部主任だった周恩来の教え子だった。その後、周恩来が共産党トップとして軍の指揮を取った時代、林彪は下級軍官の一人であり、部下のまた部下という立場だった。

しかし文化大革命中、林彪が毛沢東によって党内ナンバー2の地位に据えられると、周恩来は一転して、このかつての教え子であり部下の部下だった人物に頭を下げて、恭《うや》しい態度で仕えるようになった。その変わり身の速さには、むしろ林彪の方がびっくり仰天した。ナンバー2になってからしばらくの間、林彪はこの新しい「部下」には、ぞんざいな態度を取らなかった。

このように、毛沢東の意向にしたがって政治的立場を迅速に変えられたこと、ナンバー2ではなくナンバー3の立場にいつも甘んじたことが、周恩来が粛清を免れて地位を長く保った秘訣であるが、実は周恩来という人間の凄さはこれだけに留まらない。

毛沢東がナンバー2に猜疑心を持ち始め、粛清に着手しようと考えるようになると、周恩来は徹底的に毛沢東側に立ち、ナンバー2の粛清に手を貸すのである。その際、周恩来は、自分が恭しく仕えたはずのナンバー2に対し、どこまでも冷酷にふるまい、どこまでも無慈悲だった。己の政治力と情報力の全てを動員し、毛沢東の手先となってナンバー2を徹底的に追い詰めていくのが、彼の役割である。

毛沢東が文化大革命を発動して、劉少奇とその一派を蹴落とした時、周恩来はこれに100パーセント協力し、毛沢東夫人の江青と並んで紅衛兵による造反・粛清運動の指揮官の役割を果たした。文革の初期段階では、紅衛兵運動の司令塔となっていたのが「中央文革碰頭会（連絡会）」という非公式組織だが、周恩来は一貫してこの「連絡会」の招集人・

主宰者を務め、文革の先頭に立った。

劉少奇とその一派を、冤罪で徹底的に追い詰めるために、毛沢東の指示で「中央専案小組」という組織が立ち上げられた時には、周恩来はこの組織の総責任者も務めた。

周恩来の指揮下で、「専案小組」は劉少奇の「歴史上の裏切り問題」を何もないところからでっち上げ、１９２１年に入党したこの共産党古参幹部に「敵の回し者・裏切り者」のレッテルを貼った。劉少奇を政治的に完全に葬り去るための冤罪作りだったのだ。

「専案小組」は嘘と捏造の「証拠」をかき集め、「劉少奇は裏切り者・敵の回し者である」との報告書をまとめて周恩来に提出した。それが全くの嘘であると百も承知の上で、周恩来は何の躊躇《ためら》いもなく承認のサインをした。それでも満足できない彼は自らペンをとり「この人は殺すべきだ！」との一言を報告書に書き加えた。その時の周恩来はあの毛沢東よりも冷酷で残忍だった。

毛沢東が林彪粛清を決意すると、周恩来は当たり前のように毛沢東の右腕となり、実行に移していった。追い詰められた林彪たちは毛沢東暗殺・クーデターを実行しようとしたが、周恩来は数日間、不眠不休で軍と情報機関を動員し、林彪一派のクーデターを粉砕した。そして巧妙な手口を用いて林彪とその家族を海外亡命の道へ追い込んだ。林彪と家族の横死の直接原因は飛行機の墜落だったが、彼らを亡命へ追い込んだのは紛れもなく周恩来だ。周恩来こそ「林彪殺し」の下手人だった。

このように、毛沢東に協力して劉少奇や林彪を破滅させたからこそ、周恩来は一人だけ粛清から逃れて、いつまでも無傷のままでいられた。周恩来という政治家の行動原理は実に簡単明瞭である。わが身とわが地位を守ること、権力闘争で最後まで生き残ること、それこそが周恩来の全てであり、あらゆる政治行動の原点だった。

その目的のため、彼はあえて党内ナンバー3の地位に安住し、ナンバー2に頭を下げて奉仕するのも厭《いと》わなかった。しかしいざとなれば、周恩来は同じ目的のために冷酷な鬼となり、毛沢東のナンバー2粛清に全面的に協力し、何の躊躇いもなく死に追いやった。

周恩来という人物は生涯、共産党最高指導部で最後まで生き残り、自分の地位を死ぬまで守りぬくために執念を燃やした。その目的のためなら偽善者にも卑屈者にも、血も涙もない鬼にもなれるのが、周恩来だったのである。

旅客機爆破事件に現れた「悪魔的本性」

自分を守るためどこまでも残忍・冷酷になれるという、周恩来の人間性を端的に現した出来事がある。１９５５年4月に起きた「カシミールプリンセス号爆破事件」だ。

この年の4月、インドネシアのバンドンで「アジア・アフリカ会議」（バンドン会議）が開催され、周恩来は中国首相として代表団を率い、出席することとなった。しかし当時の中国には、自国からインドネシアまで飛べる旅客機がなかったので、中国政府はインド航空の旅客機、カシミールプリンセス号をチャーター。香港経由で中国代表団をインドネシアへ運ぶことにした。

しかしこの情報は事前に、台湾・中華民国政府の諜報機関が把握するところとなった。中華民国の諜報機関は旅客機を爆破して周恩来を暗殺する計画を立て、実行に移した。

4月11日朝、チャーターされたカシミールプリンセス号は北京空港で中国代表団メンバーと記者の11名を乗せ、香港の啓徳空港へ飛んだ。同空港で短時間駐機していた際、台湾の諜報機関にカネを渡され買収された空港清掃員が、機体に時限爆弾を取り付けた。当日昼過ぎ、北京から一行を乗せた旅客機が啓徳空港を離陸した5時間後、カシミールプリンセス号はインドネシアへ向かう途中の高空で爆発、海に墜落した。乗客の11名は全員死亡した。

もちろん、周恩来はこの旅客機に乗っていなかった。周恩来と中国代表団の主要メンバーは4月7日、秘密裏に、北京からミャンマーに近い中国雲南省の昆明へ空路で移動した。そしてカシミールプリンセス号爆破後の4月14日、彼らはインド航空からチャーターした別の旅客機に昆明から搭乗し、ミャンマーの当時の首都であるヤンゴンへ飛んだ。4月16日、周恩来一行を乗せたインド航空機はシンガポールのカラン空港に無事着陸、当日晩、周恩来らはインドネシア首都のジャカルタに到着した。

周恩来らがシンガポールのカラン空港に姿を現したとき、台湾の諜報機関は暗殺の標的がカシミールプリンセス号に乗っていなかったことを初めて知った。暗殺計画は失敗に終わった。

問題は、周恩来と中国代表団の主要メンバーがなぜ、当初の予定通りにカシミールプリンセス号に乗らず、別のチャーター機でミャンマー経由の航路を取ったのかである。

その答えは簡単だ。周恩来は事前に、台湾の諜報機関によるカシミールプリンセス号爆破計画を察知していた。だから代表団の主要メンバーは同じインド航空から別の旅客機をチャーターし、別の航路を取ったのだ。そして、自分たちが乗るチャーター便の安全を確保するため、周恩来は中国代表団の6名のメンバーと新華社通信記者らに、予定通り北京空港からカシミールプリンセス号に搭乗するよう指示した。つまり周恩来は、カシミールプリンセス号が爆破されるのを知りながら、自分たちの安全を守るおとりに使ったのだ。

善良なる読者の皆様にとって、ほとんど信じがたい衝撃の実話であろうが、台湾諜報機関のカシミールプリンセス号爆破計画を、周恩来が事前に把握していたことは紛れもない事実である。

私の手元には、呉志菲《ごしひ》という中国国内の記者・伝記作家が、カシミールプリンセス号爆破事件について書いた記事がある。それは、2018年11月2日、人民日報公式サイトの人民網に掲載されたもので、今でも中国国内のネット上で検索・閲覧することができる。

事件の詳細を記述する記事の中で、カシミールプリンセス号が香港の空港で駐機していた時の状況は、次のように書かれている。

「飛行機が完全に止まったあと、乗組員は全員昼食を取るために一旦降りた。その時、中国政府はすでに英国・香港当局に対し、蔣介石（台湾の国民党政府を指す）一味がこの旅客機に破壊的活動を行う可能性のあることを通報し、英・香港当局に保護措置をとるよう求めた。にもかかわらず、香港警察はこの飛行機に対して特別な保護措置を取らなかった」

呉志菲がここで言いたかったのは、香港を管轄しているイギリスと香港当局がカシミールプリンセス号に「特別な措置」を取らなかったから、爆破事件が現実になった、ということであろう。問題は彼女（呉志菲）がここで、中国政府が台湾諜報機関の爆破計画を事前に知っていた、という重大な事実を不用意にも暴露したところにある。中国側は爆破計画をすでに察知していたからこそ、英国と香港当局に事前に通報したのではないか。

中国政府が爆破計画を事前に知っていたことについて、別の証言も掲載されている。中国国内で最大の検索サイト「百度」には、「百度百科」という中国版のインタネット百科事典があるが、そこの「カシミールプリンセス号事件」という項目に、事件当時、周恩来の「護士長」（護衛長）を務めていた成元功《せいげんこう》の証言が記載されている。

「バンドン会議の前後、私はずっと周総理の側にいて、一歩も離れたことはありません。カシミールプリンセス号事件にかんしては、私は半分くらい、その経験者の一人です」と成元功は言う。

そして彼の話によると、「この年の3月初旬、バンドン会議に際して暗殺計画が台湾の敵対勢力にある、ということについての信頼できる情報は、すでに総理（周恩来のこと）の手元に届いていました。一部の人は総理に、バンドン会議参加をやめたほうがよいとも進言しました」

しかし周恩来は予定通りに、バンドン会議に参加することを決定した。そして前述のように、周恩来自身と中国代表団の主なメンバーはミャンマー経由でインドネシアに入ることにして、別の代表団メンバーと記者たちが当初の予定通り、香港からカシミールプリンセス号に乗った。その時点で周恩来が別の航路を取ると決めたことは、カシミールプリンセス号を標的にした暗殺計画を、彼が察知していた証左であろう。

危険を避けて周恩来は、4月7日に代表団の主なメンバーを率いて雲南省の昆明へ飛んだ。成元功の証言によれば、まさに周恩来らが北京空港から昆明へ飛ぶ直前、暗殺計画についての新しい情報が届いたという。

「4月7日、北京西郊空港。周総理が飛行機に乗ろうとするその時に、より詳しい情報が届きました。〝蔣介石（台湾国民党政権）がカシミールプリンセス号を爆破する〟との情報でした」

周恩来の護衛長だった成元功の証言は極めて重要である。4月7日、つまりカシミールプリンセス号爆破事件の4日前から、周恩来はすでにこの旅客機が爆破されることを知っていた。

問題はまさにここにある。周恩来がカシミールプリンセス号爆破を事前に知っていたにもかかわらず、4月11日、中国代表団の一部メンバーと新華社記者の一行は予定通り、爆破されるはずの旅客機に乗った。そこで考えられる唯一の事実は、代表団団長の周恩来が彼らに予定変更をいっさい指示していないこと。そして彼らに、カシミールプリンセス号が爆破されるかもしれないことを通達していない、ということではないか。

実は、11名の乗客には中国人記者以外にも、ポーランド人記者など2名の外国人記者が含まれていた。もし外国人記者に「爆破情報」が知らされていたら、彼らは予定通りカシミールプリンセス号に搭乗するはずがない。外国人記者を含む中国代表団の一部メンバーと中国人記者に、周恩来がとっくに把握している「爆破情報」がいっさい伝わっていないことは明らかである。

つまり周恩来は、爆破情報を事前に把握していながら、代表団メンバーに一切知らせず、予定変更もまったく指示しなかった。その意味するところは、周恩来は意図的に、彼らを見殺しにした、ということである。その目的は、彼らをおとりに使って、別の航路をとった自分たちの安全を守ることだったに違いない。

1994年、オックスフォード大学助教授（当時）のスティーブ・ツァン氏は、「The China Quarterly」という中国問題専門の季刊誌に寄稿した論文で、カシミールプリンセス号爆破事件を詳細に分析したが、彼の出した結論もやはり、「周恩来は中国情報機関の報告で暗殺計画の存在を事前に把握しておきながら、おとりの訪問団をカシミールプリンセス号に搭乗させ、自身の日程を変更したのではないか」ということだった。

カシミールプリンセス号の乗客11人を爆殺した直接の下手人は台湾の国民党諜報機関であるが、周恩来もこの殺人に加担した一人であり、間接的な殺人者であろう。彼は自分の安全を確保するために、自分の部下である中国代表団のメンバー、そして外国人記者を含む記者たちの命を犠牲にした。

周恩来は生前、「大公無私」とか「革命理想」を唱えていたが、真の顔はかくも下劣な人間だった。どこまでも冷酷で残忍、自分を守るために人の命を道具のように使い、部下が殺されていくのを平気な顔で見殺しにしたのである。

カシミールプリンセス号爆破事件で命を失った中国代表団メンバーのなかには、妻が妊娠したばかりの二十代後半の若き外交官もいたという。この悲劇を引き起こした張本人は、中国共産党最高幹部の一人で国務院総理の周恩来であり、血も涙もない「悪魔の化身」の所業と言えるだろう。

保身のために部下や養女を見殺しにする卑怯者

自分の保身のために部下を犠牲にするやり方は、周恩来という政治家の一貫した習性でもあった。

先述した周恩来の護衛長の成元功も、この卑怯者の上司の犠牲になったことがある。それは文化大革命中のことだ。毛沢東夫人の江青は、文化大革命の開始と共に政治の中心舞台に登場し、「毛沢東の代弁者」の立場で権勢を振るった。当時の江青は、まさしく飛ぶ鳥を落とす勢いで、その傲慢、横暴ぶりは突出していた。

この中で周恩来は、江青の背後の毛沢東を恐れ、江青本人に終始一貫、媚び諂《へつら》うような卑屈な態度で接していた。文革時代の一枚の有名な写真が、今でも海外のネット上で流布されている。無表情のまま傲然と前方を見て歩く江青を、腰を低くして愛想良く案内している周恩来の姿が写っている。

江青に従う周恩来

写真：Ullstein bild/ アフロ

写真：筆者提供

あるいは、文化大革命中に次のエピソードがあった。周恩来は文革運動の主要な政策決定機関である「連絡会（中央文革碰頭会）」を劉少奇の失脚後、一貫して主宰していたが、江青はある日突然、この連絡会で議題とは何の関係もない自分の住居のトイレの話を持ち出した。「便座に座ると下の方から冷たい空気がいつも吹き上がってくる。それはきっと自分を殺したい敵方の陰謀だ」と周恩来に訴えたのだ。周恩来の反応は実に驚くべきものだった。彼は直ちに、会議の一時中断を宣し、江青に従って彼女の住居へ向かった。住居に入るや、周恩来は江青と共にトイレに入り、彼女専用の便座の前にしゃがみ、首を伸ばしてしばらく「視察」した。そしてその場で、秘書を通じて公安部門の責任者に現場に来て調べるよう指示した。

これが「周恩来の便座視察」という文革中の有名なエピソードである。一国の首相である周恩来はその時、江青の僕《しもべ》となり、彼女の奴隷となった。

かつては毛沢東の上司として中共トップに君臨した周恩来は、毛沢東のみならず夫人にまで平身低頭し媚びるようになったのだ。その姿は滑稽であり、痛ましくもあるが、同時に、周恩来という人物の本性が現れたとも言える。己の保身のためならいくらでも卑屈になれる彼にとり、江青に諂うくらい何でもない。保身こそが周恩来のすべてだった。

成元功に話を戻すと、文革中に成元功は、些細なことで江青の逆鱗に触れ、大変酷い目にあわされたことがある。

1968年3月のある日、江青は仕事上のことで周恩来の執務室を訪れた。江青は事前に相手の都合を聞くようなことはいっさいない。秘書を通じて周恩来の在室を確認すると、「今から行くよ」と一方的に通告してそのまま行ってしまうのである。

周恩来の執務室の手前の待ち合わせ室に入ると、護衛長の成元功がおり、「総理は今電話中だから、ここにおかけになって少々お待ちください」と、江青に座るよう勧めた。ところが、江青はそれだけで激怒してしまった。「私は文化大革命のことを総理と話すためにここにきた。君は何の魂胆で私を阻《はば》むのか。文化大革命を潰すつもりか」と、指を差して成元功を面罵《めんば》したのである。

そして江青はそのまま周恩来の執務室に入り、いきなり周恩来を怒鳴りつけた。「成元功が私を阻んだのは総理の指示だったのですか。何か政治的意図があったのですか」と問い詰めたのだ。状況を理解した周恩来は早速、成元功を目の前に呼んで厳しく叱り、成の行動は決して自分の指示によるものではないと江青に再三釈明した。

周恩来と話を済ませた江青は、自分の執務室に戻ったが、腹の虫がおさまらない。そこで彼女は、成元功の上司で要人護衛の総責任者である汪東興《おうとうこう》・中央弁公庁警衛局局長に電話して、成元功を即時逮捕するよう求めた。大変困った汪東興は直ちに周恩来の元へ赴き、この一件をどう処理すべきか相談した。

周恩来の返事は、汪東興にとって大変意外なものだった。周恩来はその場できっぱりと、「江青同志のご指示にしたがって成元功を直ちに逮捕せよ」と言ったのだ。自分の部下を守りたい一心で周恩来に相談した汪東興は梯子を外され、止むを得ず、成元功を逮捕した。

周恩来はもちろん、成元功に罪はないこと、落ち度すらないことを知っている。にもかかわらず、彼は何の躊躇いもなく、江青の横暴極まる「逮捕指示」に同調し、自分の護衛長を逮捕するよう求めたのだ。おそらく周恩来は、そうしなければ「成元功の行為は周恩来が指示したものだ」という江青の疑念を払拭《ふっしょく》できないと判断し、逮捕に同調したのだろう。結局、周恩来は自分を守るためなら誰でも切り捨てることができたのである。

成元功は1945年から周恩来の身辺に仕え、護衛役を二十数年間も担当してきたのに、周恩来の保身の犠牲にされてしまった。

それだけではない。周恩来は文化大革命の中で、保身のために、何と、大事にしていたはずの養女まで犠牲にしたのである。

養女の名は孫維世《そんいせい》という。彼女の父親の孫炳文《そんへいぶん》は周恩来とほぼ同時期に共産党に入党した幹部の一人で、周恩来の親友だった。１９２８年、国民党に潜入した孫炳文が捕まって処刑された後、５歳だった孫維世は周恩来に引き取られた。以来、周恩来は孫維世の保護者となり、養父になった。

１９３９年、周恩来は延安で落馬して負傷、ソ連・モスクワへ治療に出かけた。孫維世も随行したが、そのままソ連に留まり、モスクワ東方大学に留学することになった。

１９４６年、孫維世はソ連から帰国して共産党根拠地の延安に戻った。美貌の女性に成長した彼女は、延安で「四大美女」の一人に数えられ脚光を浴びた。モスクワ留学帰りという経歴も、彼女の存在感に一層の輝きを加えた。

その時、毛沢東夫人の江青も延安にいたため、孫維世の存在は早くも、江青の嫉妬と憎悪の対象となった。小学校卒業で三流女優出身の江青は学歴において孫維世と比べるべくもないし、美貌の面でも孫維世に負けていた。延安の共産党中央の狭い社会の中では、毛沢東と結婚して家庭に入った江青はいつも、皆の注目を集める孫維世を心の中で憎んでいた。

1949年12月、共産党政権成立直後に、毛沢東はモスクワを訪問して一月以上も滞在した。その間、ロシア語に堪能な孫維世は専属の通訳として毛沢東の身辺に仕えた。好色と淫乱で知られた毛沢東にとり、好機であった。夫人の江青の目が届かない外国の地で、毛沢東は案の定、以前から狙っていたこの「延安四大美女」の一人に手を出した。

それ以来、孫維世は毛沢東の愛人の一人になった。他の愛人たちが江青を恐れて息を潜めた一方、唯一、周恩来の養女である孫維世だけは、かまうことなく堂々と中南海の毛沢東の住居に出入りした。その当時、江青は毛沢東と別居して未亡人同然の孤独な生活を送っていたから、美貌の孫維世と毛沢東との関係、そして孫維世が堂々と中南海に出入りしていることなど、孫維世の言動すべてが江青の神経を逆撫《さかな》でして、孫維世への憎悪を増幅させた。

一方、周恩来も孫維世と毛沢東の関係をとても気にしていた。養女が毛沢東の愛人になったことで、自分が毛沢東と江青との確執に巻き込まれるのを恐れたからだ。周恩来は孫維世を毛沢東から遠ざけるために、彼女を有名な演劇家である金山という男に紹介し、二人が結婚するよう促した。毛沢東は別の愛人が次から次へと出来ているから、あえて孫維世の結婚を阻むようなことはしない。孫維世はこうして、かなり年上の金山と結婚することになった。

しかしこの結婚も、江青の孫維世に対する憎しみの火に油を注ぐ結果となった。

1930年代前半、延安に行く前の江青は、上海で三流女優として「活躍」した時代があったが、その時、上海で演出家として名を成していた金山は、とある演劇の重要な役柄に自分の愛人をキャスティングするため、無理やり江青を排除したことがある。それ以来、金山も江青の憎しみの対象となっていたが、よりによって孫維世がこの金山と結婚したのだ。孫維世はこれで、江青の不倶戴天《ふぐたいてん》の女敵・第一号となった。

やがて1966年、文化大革命が始まり、政治の中心舞台に躍り出た江青は絶大な権力を手に入れた。彼女は直ちに、長年の恨みを晴らす決意をした。江青の命を受けた特別チームは「国民党スパイ」の罪名で金山を逮捕し、孫維世を軟禁した。孫維世は周恩来の養女で、毛沢東とも特別な関係にあったから、江青が彼女を破滅させるのには多少手間がかかった。当時、中国共産党とソ連共産党はすでに敵対関係になっていたから、孫維世のソ連留学歴が冤罪をでっちあげる口実にされた。

やがて江青の配下の者によって、「孫維世は留学中にソ連の秘密警察に買収され、ソ連のスパイとして帰国し、ソ連のためにスパイ工作を行っている」という嘘八百の調査報告書がまとめられた。江青はそれを周恩来に送りつけ、孫維世の逮捕に同意するよう求めた。

周恩来は養女である孫維世のことをよく知っており、「ソ連のスパイ」という容疑がまったくの捏造であることを誰よりもわかっていた。当時の彼は毛沢東に次ぐ共産党政権の重鎮であり、「文革連絡会」のトップでもあるから、孫維世を守ろうと思えばできないことはない。

しかし周恩来は何も言わなかった。江青と会って孫維世のことを嘆願することもなかったし、「スパイ容疑」の真偽を江青に質すこともない。周恩来はただ黙って、江青から送られた報告書に「逮捕に同意します。周恩来」と書いて送り返した。

これで孫維世の逮捕が決まった。周恩来はもちろん、江青がなぜ孫維世を逮捕したいかよく知っていたし、逮捕されたら孫維世がどうなるかも熟知していたはずだ。

案の定、孫維世は逮捕後に、残酷極まりないリンチを受けて獄死した。その場に居合わせた目撃者の証言によると、死亡した時の孫維世は裸にされて両手を縛られていた。そして頭部には、長い釘が一本、打ち込まれていたという。

しかし周恩来は、養女がどうなろうと、もうどうでもよかった。江青とその背後の毛沢東の猜疑心や恨みからわが身を守るため、周恩来は何の躊躇いもなく、孫維世の逮捕に同意する署名をして、養女を死に追いやる企みに手を貸した。その後も彼は平気な顔で、江青と良好な関係を保った。この卑屈で卑怯で冷酷な顔こそ、周恩来の真実の姿である。

周恩来の死後、中国共産党のプロパガンダで「品格や徳の高い政治家」「人民を大事にする首相」という周恩来像が作り上げられ、「聖人君子」のように崇められたが、単なる虚像である。彼が「品格」や「徳」といった上等なものを持ち合わせたことは一度もなく、人民を大事にしたこともない。終始一貫、何より大事にしたのは保身であり、自分の政治的地位である。

自分を守るため、彼はどんな酷いことも平気でやった。身近な人間でも簡単に切り捨て、犠牲にするのを厭わないのが周恩来という政治家の首尾一貫した行動原理であり、不変の人生哲学である。冷酷さと腹黒さにかけて、彼は暴君の毛沢東に勝るとも劣らなかった。

中国共産党の歴史と、今日の中国共産党政権は、毛沢東と周恩来という、悪魔の化身のような人間性を持つ二人によって作られたわけだから、彼らの悪魔的精神は今なお、この党と政権の全細胞に、ＤＮＡのように受け継がれているのである。

第六章
女性と人民を食い物にした党幹部の貪欲・淫乱史

権力を笠に女性を弄び、妻を裏切り続けた卑劣漢・毛沢東

本章では、中国共産党幹部が女性と人民を食い物にして贅沢と淫乱を貪《むさぼ》った歴史を取り上げ、告発する。中共史上、こうした貪欲・淫乱の代表格は、言うまでもなく毛沢東である。毛沢東の淫乱生活について、彼の専任医師であった李志綏《りしすい》は『毛沢東の私生活』(文藝春秋)という回顧録で詳述している。以下の記述は、この書物と多少重複する個所もあるが、「中共幹部の淫乱史」を描くなら、やはり毛沢東を抜きにはできない。彼こそ、この領域一番の「達人」で、道徳的にもっとも卑劣な男だったのである。

毛沢東の卑劣ぶりは、彼の婚姻歴を見ればすぐにわかる。

毛沢東最初の結婚は彼が15歳のとき、父母の意思に従う結婚だった。結婚2年後に年上の妻が病死した。それ以後、毛沢東は生涯三度の結婚を経験したが、ここに毛沢東という男の本性がよく出ている。

毛沢東が初めて自分の意思で結婚した相手は、彼が通った湖南第一師範学院の教師だった楊昌済《ようしょうせい》の娘、楊開慧《ようかいけい》である。彼女は1920年に毛沢東と結婚した時わずか19歳、以

来続々と毛岸英、毛岸青、毛岸龍《もうがんりゅう》という三人の息子を産んだ。三男の毛岸龍は幼くして病死したが、毛岸英、毛岸青の2名は後に成人して、本書第四章にも登場した。

楊開慧と毛沢東との結婚生活は7年ほど続いた。1927年、毛沢東は農民暴動を起こし江西省の井崗山《せいこう》に潜伏した。楊開慧はその時から夫と離れ離れとなり、毛沢東の顔を見ることは二度となかった。

毛沢東が家から出た後、楊開慧は女手一つで三人の息子を養育することになった。彼女の父親はその時すでに死去しており、井崗山で「山賊」となった毛沢東から「仕送り」などあるはずもない。それでも楊開慧は、涙ぐましい努力で三人の息子を守り、必死に生きた。

だが、毛沢東はその間、何をしていたのか。井崗山に入った直後、17歳の賀子珍《がしちん》という若い女性に手をつけた。そして1928年5月、楊開慧との婚姻関係をいっさい解消しないまま、毛沢東は賀子珍と結婚した。重婚である。その時点で毛沢東は、妻の楊開慧を裏切って三人の息子たちも捨てたことになる。

そして1930年10月、楊開慧は反乱者毛沢東の妻であるとの理由で、湖南省を支配した軍閥の何健《かけん》に逮捕された。何健は楊開慧に対し、毛沢東との離婚さえ宣言すれば釈放してやると勧誘した。しかし楊開慧は断固として拒否、そのまま銃殺された。享年30だった。

楊開慧が毛沢東のために命を捨てたその時、毛沢東は江西省の「革命根拠地」で、賀子珍との新婚生活を楽しんでいた。楊開慧はもとより、三人の息子のことすら、彼にとってもはや関係なかった。己の欲望さえ満たされれば、かつての「愛妻」と家族をいとも簡単に捨てることができた。これこそが、毛沢東という人物の人間性なのだ。

賀子珍は結婚後に10回も妊娠して、毛沢東との間で6名の子供をもうけた。その多くは幼いまま死亡したり行方不明となったりして、成人して賀子珍の手元に残ったのは李敏《りびん》という娘だけだった。

毛沢東は大逃亡の「長征」の途中でも賀子珍に妊娠させていたが、1937年に延安にたどり着き、やっと落ち着くと、女遊びの癖がさっそく始まった。彼は権力を利用して、新しい革命根拠地にやってきた美人通訳の呉光偉《ごこうい》などの知識人女性に手を出したが、それに憤った賀子珍は毛沢東と大喧嘩。毛沢東の子を妊娠したままソ連に渡った。

賀子珍が延安から離れると、毛沢東の女癖はますます悪くなった。「革命根拠地」のいろいろな女性と疑わしい関係を持ったなかで、毛沢東は上海からやってきた元三流女優の江青と出会った。そして1939年、賀子珍との婚姻関係を解消しないまま江青と結婚した。二回目の不倫婚である。

毛沢東に裏切られた、賀子珍のその後の人生は悲惨そのものである。モスクワへ行ってから毛沢東との六番目の子を産んだが、赤ちゃんはわずか10カ月で死亡。そして、延安から毛沢東不倫婚の報を聞きつけてからは精神を患い、精神病院に送られてしまった。共産党政権成立後に中国に戻ったものの、毛沢東のいる北京に入ることすら許されない。地方を転々として孤独な生活を送った。独裁者として君臨している毛沢東にとって、前妻の賀子珍はもとより、現妻の江青でさえ、手を出す対象としてはもはや「無用の長物」となったのである。

このように毛沢東は、二度の不倫婚をやり遂げて楊開慧と賀子珍の二人の女性を裏切り、彼女たちの人生をめちゃくちゃにした。おそらく毛沢東にとって、女性というのは自らの欲望を満たす道具でしかなかった。「用済み」となればいとも簡単に切り捨てた。そして、次から次へと、新しい女性に手を出した。

中共政権の成立後、毛沢東は直ちに江青と別居生活に入る。それ以降27年間、天下をとって事実上の中国「皇帝」となった彼は、いつでもどこでも、己の欲望の満足のため、若い女性に手をつけ、酒池肉林の生活を思う存分楽しんだ。身辺に「喜び組」を作る一方、地方視察へ行けば手当たり次第、当地の若い女の子を食い物にした。

毛沢東の淫乱ぶりは前述『毛沢東の私生活』で詳しく紹介されているので、本書の記述はここまでとしよう。

現代中国語には「流氓《りゅうぼう》（流民）」という言葉があり、「ならず者」「ゴロツキ」を指すと同時に、女性に対して嫌らしい悪戯《いたずら》をする者のことも「流氓」と呼ぶ。毛沢東の秘書を務めた李鋭《りえい》という元共産党幹部は、毛沢東を名指して「彼は政治上の流氓であると同時に私生活上の流氓だ」と痛罵《つうば》したことがある。

李鋭の言うとおり、国家と人民を地獄へと陥れた毛沢東は「政治上のならず者」であると同時に、私生活でも卑劣極まる「流氓」そのもので、若い女性を己の性欲を満たすオモチャとして弄《もてあそ》んだ。この習性は一貫して変わらなかったのである。

人民を己に奉仕させた、「人民領袖」の超セレブ生活

文化大革命時代、毛沢東が発した「お言葉」の多くは宣伝によって広く流布され「名言」となっている。その中の一つに、「為人民服務」（人民のために奉仕する）がある。

しかし実際の毛沢東は、人民をいじめ抜いたことはよくあっても、人民に「奉仕」した

ことは一度もない。彼はいつも、己のために人民を奉仕させ、苦しんでいる人民を横目に超贅沢な「皇帝生活」を送ったのである。

例えば食生活。毛沢東の一日三食は、見た目ではわからないところで贅を尽くしていた。毛沢東の食事の管理には、5、6名からなる専門家のチームがあたった。医学者・栄養学者からなるこのチームは、定期的に毛沢東の健康状態を細かくチェックし、彼の好みの味にすることに最大の配慮をして毎日の献立を作成。献立ができると、4名の毛沢東専属の超一流の料理人が順番に、料理を作った。

食材は、市場で流通しているものは一切使わなかった。穀物と肉類と卵と野菜のほとんどは、北京郊外にある「玉泉山農場」という、共産党指導者のための専用農場で作られる。無農薬栽培の最高品質のものばかりである。

毛沢東は川魚を好んだ。特に故郷の湖南省産の鯉と、湖北省産の「武昌魚」という魚である。新鮮さが魚料理の命だから、中国空軍は二十数年間にわたって「特別任務」を定期的に遂行していた。湖南省の「長沙東方紅漁場」という「党中央専用漁場」から獲れた鯉と、湖北省の梁子湖《りょうしこ》という湖で獲れた上質の「武昌魚」を軍用機で北京へ運んでいくのである。もちろん、その魚を口にすることのできる人間はただ一人、「人民のために奉仕する」

はずの毛沢東だ。

ちなみに、毛沢東は時々、野生の兎など野生動物を食べたくなることがあった。そうなると、彼の護衛部隊の解放軍兵士は野山に出動して「兎狩り」をしなければならなかったという。

毛沢東は大の愛煙家として知られ、1960年代に入ると、賀龍《がりゅう》という共産党軍元帥の勧めで、四川省什邡《しゅうほう》の葉巻工場特製の葉巻を好むようになった。最初は、毛沢東専属の調達チームが四川省から什邡製の葉巻を定期的に取り寄せていたが、やがて毛沢東が什邡製以外の葉巻を吸わなくなると、中南海では早速、「葉巻プロジェクトチーム」が立ち上げられた。

チーム責任者が手配して、什邡の葉巻工場のトップクラスの熟練工3名が、家族とともに北京に移住し、必要な機械も北京に運ばれた。それ以来、この3名の熟練工の唯一の仕事は、毛沢東専用の葉巻を一本一本丹念に作ることとなった。

毛沢東の吸う葉巻だから、製作プロセスの監視も当然必要だ。3名の熟練工の外出は許されず、彼らのために炊事場と料理人も用意された。結局、監視要員や料理人、そして原材料の調達担当者などを全部含めると、毛沢東一人のための「葉巻チーム」の人数は十数名に膨らんだ。彼らは毎日、国家から給料をもらいながら黙々と、毛沢東一人の嗜好のために奉仕していたのである。

それ以外にも、毛沢東の衣装を担当した12名の一流の「服装技師」からなるチームがあったほか、健康管理・医療を担当した外科・内科から耳鼻科まで、あらゆる医療分野での全国超一流の医師と医学者のチームもあった。

毛沢東が京劇を見たくなったら、劇場へ足を運ぶ必要はない。京劇界のトップスターは命令一つで中南海へ赴き、毛一人のために劇を演じる。映画の放映チームも定期的に毛沢東の住居を訪れ、彼専用のスクリーンに映画を写した。

毛沢東が地方視察に出かけるとき、乗り物としてよく使ったのが「専列」という名の専用列車だった。普通、先行車と後衛車があって、毛沢東の乗る列車は両車の真ん中で走るが、専用列車にはもちろん、寝台車・食堂車・会議室車が揃っている。彼の専用列車がどこかの路線を走っていると、周辺で走る多くの民用列車は一斉に止まって、「毛沢東車」が過ぎ去るのを待たなければならない。この国のすべてが毛沢東優先であり、世界は彼のために回っているのである。

人民と国家を己一人の贅沢に奉仕させるという、毛沢東の貪欲生活を端的に表していたのは、北京および全国各地に、彼一人だけのために建造された数多くの豪邸と別荘の存在である。

毛沢東が常住している中南海の中の住居は、「游泳池」(水泳プール)と呼ばれていた。どうしてこの名称がついたかというと、文字通り、住居に水泳プールが付いていたからだ。水泳好きの毛沢東のため、体育館並みの本格的なプールが作られた。1年中いつでも、プールの水は常に毛沢東好みの一定の水温を保つように管理されていた。

ここで水泳できる男は毛沢東だけで、時々彼は、若い女の子を裸にして自分と一緒に泳がせたという。

この「游泳池」以外に、毛沢東は北京市内と郊外に、「豊沢園菊香書屋」、「釣魚台15号楼」、「玉泉山1号楼」などの別荘を持ち、人民大会堂の「118庁」も彼の専用部屋となっている。

そして地方となると、毛沢東専用の別荘はまさに全国各地に存在していた。中国北部、そして南部へと数えていけば、例えば次のような毛沢東専用の別荘がある。

吉林省長春市の「長春南湖賓館」、遼寧省大連市の「棒棰島賓館」、山東省済南市の「南郊賓館」、山東省青島市の「八大関小礼堂」、河南省鄭州市にある「党委員会第三招待所8号楼」、山西省太原市の「太原晋祠賓館」、陝西省西安市の「西安八丈溝賓館」、甘粛省蘭州市の「蘭州寧臥荘賓館」、青海省西寧市の「西寧勝利賓館」。

以上は中国北部の別荘の一部だが、南部へ行けばさらに多くなる。湖北省武漢市の「武漢東湖梅嶺一号別荘」、江蘇省南京市の「南京依村一号別荘」、浙江省杭州市の「杭州劉荘一号楼」、「杭州汪荘一号楼」、湖南省長沙市の「長沙蓉園一号楼」、湖南省韶山市の「滴水洞別荘」、江西省南昌市の「南昌浜江賓館」、同江西省の「廬山蘆林一号別荘」、貴州省貴陽市の「貴陽花渓西舎」などがある。あるいは広東省広州市には、「広州小島賓館」、「広州南湖別荘七号楼」、「広州鶏頚坑別荘」など、毛沢東専用の別荘は数多い。

毛沢東の生前、それらの別荘は当然彼一人の専用であった。彼が不在でも、地方の幹部たちでさえ近づくことも許されない。そして、地方で彼専用の別荘を作っておいても、毛沢東は滅多に来ることはないし、生涯一度か二度しかやってこない場合も多かった。例えば、毛沢東の故郷である韶山《しょうざん》市に建てられた「滴水洞別荘」の場合、毛沢東が泊まったのは生涯一度だけである。

もちろん、国民の誰も、毛沢東の別荘がそれほど沢山あるとは知らないし、自分たちの住む地方でさえ別荘があることを知る由もなかったのだ。

やがて毛沢東が死に、鄧小平の改革開放時代になると、各地方は金儲けのために元別荘を有料の高級宿泊施設、あるいは有料の見学施設として開放した。その時、各地方は一斉に、「毛主席専用の別荘」だったことを施設の最大の売り物にした。これにより中国国民は初めて、生前の毛沢東が全国にそれほど多くの別荘を持っていたことを知った。

衣食住のあらゆる面で国家と人民に奉仕させて、あらゆる贅沢を享受していながら、毛沢東はまた、蓄財にも熱心であった。

彼の蓄財の最大の財源は、『毛沢東選集』と『毛沢東語録』という二つの書物の刊行である。彼の生前、4冊セットの『毛沢東選集』は2・5億セットが刊行され、『毛沢東語録』も2億冊以上刊行された。それを買うのは中央から地方までのすべての党組織や国家機関、そして解放軍部隊や国営企業である。購入代金は当然、公金から捻出《ねんしゅつ》されている。国家機関や国営企業に属していない一般市民は自腹で買わされるが、買いたくないと拒否できる人は誰もいない。拒否すれば命はないからだ。

そして、上述の国家機関や国有企業が「毛沢東本」を買うために支出した公金の一部、そして一般の市民たちがそれを買うために払ったポケットマネーの一部は、「稿費」と称される原稿料として、毛沢東個人の金庫に入っていくのである。毛沢東のやったことは、政治権力を笠にきて、全人民に公金とポケットマネーを使って自分の著作を買ってもらうことだった。そして、そのお金を結局、「稿費」と称して自分の懐に入れてしまうことだ。

これほど強引かつ強欲な商売が他にあるだろうか。この手を使って毛沢東は、億元単位のお金を手に入れ、当時の中国で唯一の億万長者となったのである。

毛沢東流の汚い蓄財法は、いわば公金横領のような腐敗と本質的に何も変わらない。その意味で毛沢東こそ、中共政権における腐敗の系譜に連なる「腐敗幹部第一号」だった。そして後述するように、彼によって開かれた腐敗の伝統は現在に至るまで、見事に党内に受け継がれてきているのである。

当時の物価水準からすれば、毛沢東が入手した億単位のお金は今の人民元のおよそ百倍程度の価値があるが、それほどの大金をため込んでも、毛沢東には使い道はあまりなかった。彼の衣食住や全国の別荘などは全部、国からただで提供されているからである。

毛沢東のお金の唯一の使い道はすなわち、自分が手をつけた女性たちと愛人たちに小遣いを配ることである。少ない時は数百元、多い時は数千元。普通の大学教師の月給が56元だと決められていたその時代、数百元は中国人民にとっての大金である。

このように、中国全土に君臨した27年間、毛沢東は文字通り、女性と人民と国家を食い物にして自らの欲望を満たし、そして皇帝並みの超セレブ生活を享受していた。おまけに彼は、国の公金と庶民のポケットマネーから「稿費」と称するお金を掠め取り、自分の女遊びに使って楽しんでいたのである。

他方で、彼の支配下の中国人民、特に数億人単位の中国農民は、世界の貧困基準を大きく下回った極貧の生活を送り、大躍進政策にともない人為的に引き起こされた大飢饉で、数千万人の人々が餓死したこともある。

以上が毛沢東という極悪男の正体であり、中国共産党政権という極悪政権の正体である。

「花帥」葉剣英の勝手すぎる女性遍歴と背徳

女性を弄ぶことにかけて、毛沢東は、共産党政権の文字通り「第一人者」であったこと間違いない。同時代の共産党幹部の中で、毛沢東に次ぐ「好色男」の代表格が、「花帥《かすい》」の異名を持つ葉剣英《ようけんえい》という人物だ。

本書第一章にも登場した葉剣英は、解放軍建軍当時からの共産党軍人であり、後に解放軍「十大元帥」の一人となった人物である。彼がなぜ「花帥」と呼ばれるかというと、中国語で男に「花」という文字をつけるのは、要するに「助平男」「好色男」という意味合いで、

「花帥」とはすなわち、「助平元帥」ということである。

葉剣英の好色さは、彼が元帥になる以前の婚姻歴を見ればよくわかる。

清王朝末期に生まれた葉剣英は同時代人と同様、成人になるまでに父母の意思で一度結婚したことがある。だがそれは記録にまったく残っていないので、詳細はよくわからない。

彼が初めて自分の意思で結婚したのは1924年、広東軍閥の将校として広州に駐屯した時である。葉剣英は当時27歳。相手は馮華《ひょうか》という医療関係者の女性で、結婚後は葉剣英との間に二人の子供を生んだ。

しかし、その後二人の婚姻がどうなったかはまったく詳細不明である。二人の子供を生んだ馮華の行方もよくわからない。今わかっている事実は、馮華と結婚して3年後の1927年、葉剣英は今度は曽憲植《そうけんしょく》という18歳の絶世の美女と結婚した。その際、前妻の馮華との婚姻関係をきちんと解消したどうかもよくわかっていない。とにかく馮華という人物はそのまま闇に消え、葉剣英はかなり年下の若い女性と再婚したのである。

曽憲植と結婚してからしばらくして、葉剣英は例の南昌蜂起に参加した。蜂起が失敗した後、葉剣英は逃亡。居場所を転々とした末にソ連のモスクワにたどり着いた。一方の曽憲植は国内に留まって、共産党員として逮捕されたこともあるが、何とか生き延びた。もちろん彼女は南昌蜂起以来、夫の葉剣英とはずっと離れ離れである。

　１９３１年、葉剣英はソ連から帰国すると、江西省にある毛沢東の「革命根拠地」に入り、紅軍に加わった。１９３４年に例の大逃亡の長征が始まると、葉剣英は指揮官の一人として紅軍と共に移動し延安に入った。延安に落ち着いてから１９３７年、葉剣英は危拱之《ききょうし》という若い共産党女性幹部と再び結婚した。

　それはもちろん、前妻の曽憲植との婚姻関係が解消されないままの不倫婚である。しかも、よりによって新妻の危拱之は前妻の曽憲植の同級生だったのである。

　しかし危拱之と結婚した直後、葉剣英は曽憲植と再会することとなった。いわゆる「第二次国共合作」の中で、葉剣英が「第八路軍」と改名した共産党軍の代表として、国民政府首都の南京に派遣され、しばらく滞在した、その時、夫の消息を知った曽憲植が南京にやってきて、葉剣英を訪ねた。彼女はもちろん、葉剣英がすでに自分の同級生の危拱之と結婚したことをまったく知らない。そして葉剣英はそれを彼女に告げることもしない。葉剣英はなんと、そこで曽憲植と「夫婦の営み」を行い、彼女を妊娠させたのだ。

　つまり葉剣英は、曽憲植を裏切って危拱之と結婚した直後、今度は自分を尋ねてきた曽憲植を騙して夫のように振る舞い、彼女と再び体の関係を結んだ。この一点から見ても、後に共産党軍元帥になったこの男が、毛沢東同様の卑劣漢であることがよくわかる。

しかし曽憲植を妊娠させてからも、葉剣英は危拱之のいる延安へ彼女を連れて行かなかった。南京が日本軍によって陥落した後、共産党員である曽憲植は結局、「党の命令」にしたがって香港へ赴いた。そして1938年、葉剣英の次男の葉選寧《ようせんねい》を香港で出産した。

一方の危拱之は、一度葉剣英の子を妊娠したが流産。そして葉剣英と結婚してから1年後、共産党中央の命令で延安から離れて河南省へ派遣された。彼女はそのまま、葉剣英の身辺から離されて二度と戻ってこなかったが、二人の婚姻関係が正式に解消されたかどうかは不明である。

危拱之はその後、共産党幹部の一人としてさまざまな任務に当たったが、再婚することもなくずっと独身のまま、いつしか精神病を患うことになった。毛沢東の妻の賀子珍と同様、危拱之もまた、葉剣英という卑劣漢のために人生をめちゃくちゃにされた。

葉剣英はその後、八路軍の代表として国民政府の臨時首都である重慶へ赴き長期滞在した。1940年、今度は自分の部下である速記員の呉博《ごはく》に手を出して結婚した。その時、葉剣英は43歳、呉博はわずか17歳であった。

呉博は葉剣英のために娘を一人産んだが、数年後には別れた。すると1948年、葉剣英は李剛《りごう》という女性と結婚した。葉剣英は当時、共産党軍の華北軍政大学の学長を兼任していたが、22歳の李剛はこの大学の生徒だった。五十代の「学長」が二十代の生徒に手をだして結婚した、という話である。

李剛は葉剣英との間に一男一女をもうけたが、共産党政権成立後の1955年に喧嘩して離別。その理由は言うまでもなく、葉剣英の女癖の悪さにある。

李剛と別れた後、葉剣英は二度と結婚することはなかった。彼にはもはや、結婚する理由がなかったからだ。今まで葉剣英は、己の性欲を満たすため、多くの若い女性との結婚を繰り返してきたが、権力を握った彼にとり、性的相手を入手するのに結婚の必要はなくなった。上司の毛沢東と同様、共産党政権成立後の葉剣英は権力を笠にきて、手当たり次第に若い女性を「性の道具」として弄ぶ淫乱生活に入った。

葉剣英が好んで手を出すのは、政府と軍の病院の若い看護婦たちである。中共政権成立後、葉剣英は地方と中央の両方で政権の重要ポストを歴任していたが、病気の時でも健康でも、彼はよく政府や軍の病院の特別病室に寝泊まりした。その目当ては言うまでもなく、病院の若い看護婦たちだ。病院に泊まらない日でも、彼は滅多に家には帰らない。自分専用の豪華別荘に毎晩のように、看護婦を呼んでくるのである。

葉剣英と同世代の共産党軍高級幹部、羅瑞卿《らずいけい》の息子の羅宇《らう》は、軍人として解放軍総参謀部に務めた後、アメリカに移住した。そしてアメリカで『総参謀部に別れを告げる』という回顧録を出版し、その中で、自分の知る「葉剣英と看護婦」の話を暴露した。

彼によると、1950年代初期、葉剣英はある若い看護婦Aさんと長期間の性的関係を持ち、彼女に結婚の約束までしていた。しかし1956年の夏、葉剣英はこの看護婦に付き添ってもらって、党高級幹部の避暑地である北戴河《ほくたいが》という海辺の別荘地に滞在した際、よりによって別の看護婦に手を出してしまったのである。

葉剣英の「不倫」現場を見たAさんは、あまりの衝撃に、夜中にもかかわらず砂浜を海へと走り、身につけていた服を全部脱ぎ捨てて、投身自殺を図った。幸い、葉剣英の護衛兵が駆けつけて、全裸のAさんを海から救い出したが、この一件は、北戴河で避暑中の中共幹部の間ではしばらく、宴席上の談笑のネタとなったという。

このように、「花帥」の葉剣英はその生涯を通して、己の欲望を満足させるために女性を道具として弄んだ。共産党政権では、このようなクズが軍の元帥になっただけでなく、後には共産党政治局常務委員・副主席にまでなった。さらに毛沢東の死去後、党内序列ナンバー3の地位にまで上り詰めた。クズ男こそ偉くなるような政権だと言えよう。

江沢民政権下で全面開花した「腐敗・淫乱文化」

葉剣英が死去したのは１９８６年。その時、中国共産党政権の事実上の最高指導者は鄧小平であった。鄧小平もその生涯において数回の離婚・結婚を繰り返したが、彼については特に淫乱の噂はあまりない。おそらく、中共政権の歴代指導者の中で、鄧小平は女性関係において汚点のもっとも少ない一人であろう。

鄧小平時代の１９８９年、天安門事件が起きた。解放軍による若者たちの大量虐殺である。事件の後に誕生したのは江沢民政権だ。その後13年間も続いたこの江沢民政権の時代においてこそ、毛沢東や葉剣英から受け継がれた、中国共産党幹部の腐敗文化と淫乱文化が全面開花したのである。

天安門事件の後、江沢民は急遽、地方から中央に呼び出されて政権を担当することになった。そんな彼にとって、党幹部の支持を得て政権の安定化を図ることがもっとも喫緊《きっきん》の課題だったが、そのための最大の方策が「腐敗の容認」だった。つまり、共産党幹部たちの腐敗をある程度容認してやることによって、彼らの支持を取り付けようとしたのである。

１９９2年あたりから、共産党政権は市場経済推進の路線を展開し始めた。市場経済の中で多くの民間企業が生まれてくると、毛沢東時代とは違う、新しいタイプの腐敗が政権内に広がり始めた。政治権力を用いて民間企業のために便宜を図り、それと引き換えに民間企業から賄賂をとるのが、党幹部たちの新しい蓄財法となった。

そして、賄賂で大金を手に入れた高級幹部たちは、お金の力で若い女性を愛人として囲うようになった。彼らは毛沢東や葉剣英とは別の手口で、大先輩たちの淫乱文化を受け継ぎ、全面開花させていった。

中国における市場経済の黎明期において、腐敗文化と淫乱文化の両方に励んだ共産党幹部の代表格の一人は、広西チワン族自治区主席・全人代副委員長を務めた成克傑《せいこくけつ》という人物である。

成克傑の物語は、李平《りへい》という女性との出会いから始まった。１９９0年、成は広西チワン族自治区主席になって、自治政府傘下の高級ホテルによく出入りすることとなったが、そこで、ホテルの美人支配人で人妻の李平と親しくなった。最初は李平が成主席のために売春婦の手配をしたりホテルの女性従業員に主席との肉体関係を強要したりして、この地元一の権力者の歓心を買っていたが、やがて主席は自分より21歳も年下の李平本人に手を出し、愛人にした。

1993年、二人はそれぞれ離婚してから再婚した。それ以来、成自治区主席は李平の言いなりになって、美人妻の「直接指導下」で収賄と汚職に励んだ。地方一の権力者だから収賄するのに何の苦労もない。1993年から98年までの5年間、成克傑夫婦は合計4019万元の賄賂を懐《ふところ》に入れた。今の人民元の価値にすれば、およそ数億元の大金である。

1999年、成克傑が汚職の容疑で中央規律検査委員会の取り調べを受けることとなると、同時に取り調べを受けた李平は、夫の収賄事実を余すところなく告白した。その結果、成克傑は死刑判決を受け、処刑場の露と消えた。彼は、鄧小平時代に入ってから、汚職の罪で死刑となった初めての共産党高級幹部であった。

しかし成克傑が斃《たお》れても、彼の「遺志」を継ぐ汚職幹部は後を絶たない。それどころか、90年代から2000年代にかけて共産党幹部の腐敗文化は史上最盛期を迎えた。「党幹部といえば腐敗、腐敗といえば党幹部」というのが中国国内の一般的常識となった。

この時代を代表する腐敗幹部の筆頭格は言うまでもなく、共産党政治局元常務委員の周《しゅう》永康《えいこう》である。

周は1998年に国土資源部長（大臣）に抜擢されて以降、四川省共産党委員会書記、共産党政治局委員・政治局常務委員を歴任し、一時は共産党政法委員会書記として中国の司法・警察・情報部門を統括する立場にあった。そして２０１２年に引退するまでの14年間、周永康はその掌中にあった権力を利用して、親族や部下とグルになり、収賄三昧の日々を送った。

２０１４年に摘発された時、彼と彼の周辺から差し押さえられた資産は総計で９００億元（当時の為替レートで約１兆４９００億円相当）に上った。差し押さえられた資産のうち銀行預金が３７０億元（約６１００億円）、内外の債券が５１０億元（約８４００億円）、アパートなど不動産３００軒以上のほか、金、銀、骨董品、高級酒なども没収された。

成克傑の汚職の背後に李平という美人妻がいたのと同様、周永康の汚職の最大のパートナーとなったのは、彼の後妻、賈暁曄《かぎょうよう》である。

賈暁曄は元々、中国中央テレビ（ＣＣＴＶ）のキャスターだった。２０００年に周永康が四川省共産党委員会書記に就任した直後、仕事で四川を訪れた賈暁曄は周と出会うとそのまま、所帯持ちの周永康の愛人となった。しばらくすると、周永康夫人が「交通事故」に遭って死亡した。

２００１年、33歳の賈暁曄は59歳の周永康に嫁いで、二番目の妻となった。それ以来、賈暁曄が周永康の「収賄代理人」となり、夫との二人三脚で史上最大の華麗な収賄作戦を展開したのである。

不倫で手に入れた「美人賢妻」のおかげで、周永康は共産党史上最大の収賄額を記録した腐敗幹部として歴史に名を残したが、彼が活躍した時代、腐敗と淫乱は中国共産党幹部たちに共通する文化となったのだ。

成克傑と周永康が愛人を作ることで本格的に腐敗していったのに対し、大半の共産党幹部の場合、権力を握った時から汚職に精を出し、汚職で大金を手に入れてからはお金の力にモノを言わせて愛人を囲うようになる。

愛人を囲う淫乱度にかけて、かつての毛沢東や「花帥」葉剣英も顔負けするような「超達人幹部」がこの時代に輩出した。

例えば江蘇省建設庁の庁長を務めた徐其耀《じょきよう》という御仁。彼が囲った愛人は合計146人、うち二人は実の母娘だった。2001年に摘発された後、彼の住所からは分厚い日記帳が押収されたが、そこには、自分と100名以上の愛人たちとの「性愛記録」が詳しく記されていたという。

重慶市共産党委員会宣伝部長を務めた張宗海《ちょうそうかい》の場合、囲った愛人は17人と、徐其耀の数には大きく負けたが、張宗海が囲った愛人にはかなり特別な趣味が伴っていた。彼の愛人女性は全員が大学の本科生で、いわば「知的美人」でなければならなかった。

張宗海の鞄にはいつも、札束とコンドームと勃起力増進のバイアグラの「三つの宝物」が入っており、在職中の彼には、「三宝宣伝部長」という渾名がついていた。

四川省楽山《らくさん》市副市長の李玉書《りぎょくしょ》は、愛人を囲う際に張宗海とはまた別のこだわりを持っていた。何よりも女性の若さを重要視したのである。彼は計20名の愛人を作ったが、全員が16歳から18歳までだった。彼はこれで、「青春をこよなく愛する副市長」として全国に名を馳せた。

福建省周寧県共産党委員会書記だった林龍飛《りんりゅうひ》は、在職中に22名の愛人を同時に囲っていたが、この御仁のすごいところは、22人の愛人全員の「共存共栄関係」をきちんと作り上げたことである。愛人たちはお互いの存在を全員が知っていたが、嫉妬しあったり喧嘩したりすることはほとんどなかったそうだ。

ある日林龍飛は、22名の愛人たち全員を、福建省中心都市の福州に連れて行き、高級レストランで「群芳宴」を開いたという。愛人たちは彼を囲み、和気藹々《わきあいあい》の宴会を楽しんだ。林龍飛はその席上、今後2年ごとに1回「群芳宴」を開くと告げ、「佳麗賞」という愛人たちのための賞を設けると宣言した。賞金額は30万元、年に一度、自分にもっともよく奉仕した愛人の一人を選んで授賞するというのである。

愛人を囲うのに大金を惜しまないことで有名だったのは、深圳市沙井銀行支店長の鄧宝《とうほう》駒《く》である。彼は在職中、2億3千万元の公金を横領したが、大半を愛人のために使ったという。例えば鄧宝駒は五番目の愛人を2年数カ月間（厳密に言うと800日間）囲ったが、その間、この愛人に費やしたお金は1840万元。単純計算すれば彼は平均して1日に2万3千元(約38万円)をこの愛人一人のために使ったことになる。

海南省紡績局元局長の李慶善《りけいぜん》は、在職中に100人以上の愛人を囲ったが、生真面目な性格の彼は、愛人たちとの「性愛歴」をこまめに日記に書き込み、その日記帳が95冊にも及ぶという。彼はまた、愛人たちとの濡れ場を写真とCDに収め、丁寧に保存していた。それ以外にも、愛人たちやそれ以外の売春婦たちの陰毛が彼の変態的趣味の対象だったため、李慶善の永久保存コレクションには、265人分の陰毛が含まれていたという。

こうした幹部の大半は、江沢民政権下で権勢を振るい、腐敗と淫乱文化に浸っていたが、政権のトップにいた江沢民本人も、決して清廉潔白な人間ではなかった。共産党最高指導者のポストについてから、江沢民が有名な美女歌手Sを愛人として囲っていたことは、中国人なら知らない人はほとんどいない。

　また腐敗にかんして、江沢民の息子の江綿恒《こうめんこう》が前出の周永康と組んで、親の権勢を利用し巨額の財産を手に入れたことは周知の事実である。そして江綿恒の息子で、江沢民の孫である江志成《こうしせい》という人物も、祖父の政治的背景を利用して香港の財閥と組み、金融・投資などの分野でボロ儲けして、５０００億ドルの巨額資産を手に入れたと一部報道によって暴露されている。

　このように、１９８９年から13年間も続いた江沢民政権下では、政権トップの江沢民とその一族からあらゆるレベルの共産党幹部に至るまで、共産党伝統の淫乱文化と腐敗文化がまさに全面開花したわけだが、２０００年代の胡錦濤政権下でもその勢いが衰えることはなかった。そして次章で述べるように、今の習近平政権では大掛かりな「腐敗撲滅運動」が展開されているものの、「腐敗」と「淫乱」はいっこうに共産党政権から消えることはない。人民と女性を食い物にする二つの醜悪文化はもはや、共産党政権の体質そのものと化しているからである。

第七章
日本人をカモにした対日外交史と反日の系譜

中共の思惑に乗った「国交正常化」、日本にとっての不幸の起点

中国共産党政権が成立した1949年から1972年までの23年間、共産党統治下の中国は、隣国の日本と、ほぼ無交渉の状態であった。

その時代、日本は共産党中国を国家として認めておらず、国交を結んでいたのは台湾の中華民国のほうである。そして、東西対立の冷戦時代において、日本はアメリカの同盟国として西側陣営に属し、共産主義陣営の中国とは対立関係にあった。

共産主義国家・中国と国交断絶していた状態は、日本にとって決して悪くはなく、むしろ幸いだった。日米同盟に守られる形で日本は長期間の平和を享受でき、戦後復興と驚異の高度成長を成し遂げ、世界屈指の経済大国・技術大国となった。そして今振り返って銘記しておくべきは、日本の戦後復興も高度成長も、「中国市場」とは何の関係もなく、中国と経済的に断絶したまま達成できたことである。

日本が共産党政権下の中国と初めて正式な関係を持ったのは1972年、中国政府は当時の田中角栄首相を北京に招き、一気に国交正常化にこぎつけた。

中共政権は一体なぜ、日本との国交樹立を急いだのか。その背景にあったのはもちろん、当時の中国とソ連との深刻な対立関係である。

１９４９年に中共政権が成立すると、外交政策では直ちにソ連と同盟関係を結び、共産主義国家陣営に文字通り「一辺倒」の状態となった。１９５０年代を通して、中国は一貫してソ連との同盟関係を基軸に、反米・反自由主義世界の外交政策を進め、共産国陣営の主要メンバーとして西側と厳しく対立した。だが１９６０年代に入ってから、状況は次第に変わっていった。

共産主義国家陣営内の主導権争いで、毛沢東政権はソ連共産党とケンカを開始し、対立が徐々に深まった。60年代半ばになると、中共政権とソ連共産党政権は完全に決裂して、互いのことを「共産主義の裏切り者」と罵《ののし》り合うようになった。そして１９６９年、中ソの間で国境を挟んだ軍事衝突まで起きた（珍宝島事件）。両国はこれで、不倶戴天《ふぐたいてん》の敵対関係となったが、ソ連と敵対関係になった中国はソ連を盟主とする共産主義国家陣営からも当然「破門」となり、追い出された。

同時に、中国は共産主義国家として冷戦中の西側陣営とも対立していた。つまり中国は、よりによって米ソという当時の世界二大強国の両方と敵対関係にあり、そして西側陣営と共産主義国家陣営の両方から排斥されていた。まさに世界の孤児となり、史上空前の四面《しめん》楚歌《そか》の孤立状態に陥ったのである。

しかも、当時は米国と並ぶ軍事大国だったソ連は、中国との長い国境線に100万人規模の大軍を配置して、いつでも中国側に攻め込む態勢をとっていた。これは外交面でも安全保障面でも、中共政権にとって政権樹立以来の最大の危機であり、政権崩壊につながりかねない。この危機的な状況を打開するため、1972年2月、中共政権は水面下での工作を周到に行った上で、当時のニクソン米大統領を北京に招き、米中対立の劇的な緩和を図った。

一方のアメリカにも、中国に接近して強敵のソ連を牽制しようとする戦略的意図があったから、双方の思惑が一致して両国間関係は改善された。これで中国は一気に、米ソ両大国と敵対する危険な状況から脱出したが、アメリカとの国交樹立までには至っていない。アメリカは民主主義陣営の盟主として、共産主義国家・中国との国交樹立までは、さすがに躊躇っていたからだ。

そこで中国は、日米同盟の矛先をかわし、ソ連の脅威から自国の安全を守るために、日本との国交樹立に動き出した。ニクソン訪中から7カ月後の1972年9月、中国は時の田中角栄首相を北京へ招き、わずか数日間の交渉で一気に国交樹立を実現させた。そのために中国政府は、「日本に対する戦争賠償の放棄」と「日米安保条約の容認」という二つの「好条件」を揃えて日本側に差し出した。自らの国際的孤立を打破して強敵のソ連と対抗するため、当時の共産党政権はそれほど日本との国交樹立を熱望していたのである。

しかしこの国交正常化は日本にとってどんなメリットがあったのか。はっきり言って、日本側の利得は何一つなかった。前述のように、１９７２年までの二十数年間、日本は中国と関係を断絶したまま、長い平和と安定を享受できたし、中国市場と無関係に戦後復興と高度成長を見事に成し遂げていた。しかも、当時の日本は中国のように国際的に孤立していたわけでもなく、ソ連を含む世界の主要国のほとんどと国交を結び、概ね良好な関係にあったのである。

ならば日本は何のために、共産党政権の中国と国交を結ばなければならなかったのか。

この問題について、当時の日本の政治家も、後世の専門家も、誰一人として明確な答えを出していない。田中角栄を含む当時の日本の政治家や外務官僚はただ「日中友好」のムードに流されて、なんとなく、中国と国交正常化して良かったと思っていただけだろう。

今から見れば、１９７２年の日中国交正常化の正体は、まさに中共政権による、中共政権のための国交正常化であった。その時から約半世紀にわたる、中国共産党による日本の利用と、日本叩きの始まりに過ぎなかったのである。

「日中友好」の甘言で資金と技術を騙し取った鄧小平

田中訪中の1972年当時、中国は文化大革命の最中であった。中国は完全な鎖国政策をとっていたため、国交が樹立されてからもしばらく、日中間で目立った往来や交流はなかった。

やがて1976年に毛沢東が死去すると、数年間の権力闘争を経て中共政権の実権を握ったのは共産党古参幹部の鄧小平であった。現実主義者の彼は最高実力者の座につくと、毛沢東時代晩期に崩壊寸前だった中国経済の立て直しを何よりの急務とし、中国経済を成長路線に乗せることを至上課題とした。そのために「改革開放路線」を唱え、強力なリーダーシップで推進していった。

「改革」とは要するに、毛沢東時代に出来上がった計画経済のシステムに改革のメスを入れ、資本主義的競争の論理、市場の論理を導入することである。それによって、中国経済の活力を取り戻そうとした。
「開放」とはすなわち、毛沢東時代の鎖国政策に終止符を打ち、中国を世界に開放することだ。その最大の狙いは当然、外国の資金・技術を中国に導入することだ。どこの国でも同じだが、経済を成長させるには技術・資金・労働力の三つの要素の投入が必要である。しかし当時の中国には労働力はいくらでもあったが、肝心の技術と資金がない。そこで鄧小平は、開放路線の実施によって先進諸国から技術と資金を導入する方法を考え出し、実行に移した。

その時、鄧小平たちが技術と資金を導入する国としてまず目をつけたのは、近隣の経済大国・日本である。

日本は今でも世界有数の経済大国・技術大国であるが、1970年代末の時点では世界での存在感は今よりもっと大きかった。日本には、鄧小平が喉から手が出るほど欲しい技術と資金がいくらでもあった。それを中国に引っ張ってくるために、鄧小平たちは「日中友好」という心にもないスローガンを持ち出して、日本の政界と財界、そして日本国民を籠絡《ろうらく》する戦略をとった。

中国はまず、1978年8月に「日中平和友好条約」の締結にこぎつけた。その上で、この年の10月22日から29日までの8日間、鄧小平は事実上の中国最高指導者として初めて、日本を正式訪問した。

8日間にわたる長旅の日本訪問で、鄧小平は「尖閣問題」の棚上げを表明した。歴史問題にもいっさい触れないことにした。彼は極力、日本のマスコミと国民の好感を買うよう努めた。

その一方で鄧小平は、あらゆる場面で日本の産業技術への興味を示し、日本の政界と財界に対して、中国の近代化への支援を求めた。訪問の期間中、鄧小平は日本の産業を代表する新日鉄・日産・松下の3社を見学したが、新日鉄の君津製鉄所を見学した際、工場の設備や技術について詳しく尋ね、その場で日本側に対し、中国人労働者の受け入れと中国に投資して同じような工場を建設するよう要請した。

中国側にとって、鄧小平訪日は想定以上の目的を達成し、大成功に終わった。筆者の手元には、人民日報運営の「人民網日本語版」が2008年12月3日に、鄧小平訪日30周年記念に掲載した回顧記事があるが、記事の締め括りの部分で、鄧小平訪日の成果を次のように総括していた。

「鄧小平氏の訪日後、中国では『日本ブーム』が沸き起こった。多くの視察団が日本に赴き、多くの日本人の専門家や研究者が中国に招かれた。中日政府のメンバーによる会議も相次いで行われた。官民の各分野・各レベルの交流は日増しに活発となり、経済・貿易・技術での両国の協力は急速に発展した」

人民日報記事のいう「官民の各分野・各レベルの交流は日増しに活発となり、経済・貿易・技術での両国の協力は急速に発展した」とは要するに、日本が朝野をあげて資金と技術を中国に注ぎ込んでいったことを意味する。実際、鄧小平訪日翌年の1979年から、中国に対する政府開発援助（ODA）が日本政府によって開始され、経済成長を促すインフラ整備のため、大量の資金が中国に流れた。さらに、鄧小平自らが訪問した新日鉄や松下電器をはじめ、多くの日本企業が競って中国進出を進め、中国国内で投資を始めた。投資すれば当然、資金と技術の両方を中国に持っていくことになる。

結局、当時の日本政府と日本人は、「日中友好」という世紀の甘言と、「歴史問題」や「尖閣問題」を巡る鄧小平の「善隣友好姿勢」にまんまとだまされて、中国が喉から手が出るほど欲しがっている資金と技術を鄧小平の懐へ注ぎ込んだ。中国はそれを利用して産業の近代化を図り、ボロボロの経済を立て直して成長の軌道に乗せることができた。

しかし鄧小平は日本からの資金と技術の提供に、本心から感謝したか。もちろんしない。

鄧小平は本当に「歴史問題」も「尖閣問題」も忘れたかといえば、もちろん忘れてはいない。1982年6月、日本の文部省（当時）の歴史教科書検定で「華北侵略」が「華北進出」に改訂されたとの報道が出ると（この報道は事実ではなかったが）、中国政府は早速外交問題にして日本政府に圧力をかけた。そして日本の歴史教科書の記述が「近隣国に配慮しなければならない」という「近隣諸国条項」を事実上、日本に強いた。

1985年、「戦後政治の総決算」を掲げた当時の首相、中曽根康弘が8月15日に靖国神社への公式参拝を行うと、中国政府はまたもや、日本の内政問題であるこの一件を政治問題化して、あらゆる手段を使って日本側への圧力を強めた。その結果、中曽根康弘は翌年からの公式参拝を取りやめ、自らの掲げる「戦後政治の総決算」は最初から頓挫《とんざ》することとなった。

日本を利用すべき時は思う存分利用し、叩くべき時は思い切って叩く。鄧小平によって開発されたこの老獪《ろうかい》にして横暴な「日本対処法」はその後、中共政権の対日外交の常套手段になった。

利用された「天皇訪中」は歴史の痛恨事

国交正常化以来の日中関係史上、両国間の最大の外交行事となったのは1992年秋の天皇陛下（現・上皇陛下）のご訪中である。10月23日、北京空港に到着した天皇・皇后両陛下は、空港から釣魚台国賓館までの沿道を埋め尽くす「歓迎群衆」に手を振りながら、日本の天皇として初めて、中国の首都に入った。

6日間の訪中で、天皇陛下は当時の江沢民共産党総書記、楊尚昆《ようしょうこん》国家主席などの中国最高指導者と相次いで会談したほか、古都の西安などを訪れ、至るところで中国側による国家総動員の「熱烈歓迎」を受けた。その結果、天皇訪中は、世界中に日中両国関係の「親密さ」を鮮烈に印象づけることになった。

もちろん、中国側が日本の天皇の訪中を要請し、「熱烈歓迎」した最大の狙いは、まさに「日中の緊密さ」を世界中に示すことであり、それを外交的に最大限利用したのである。

当時の中国は、1972年のニクソン訪中・日中国交樹立前と同様、世界的に孤立した立場にあった。1989年6月の天安門事件で、中共政権は戦車部隊まで動員し、民主化を求める学生や市民に対し、大規模な虐殺を断行した。これで中国は世界中から激しい批判の嵐に晒され、国際的に完全に孤立した。アメリカを中心とする西側諸国は中国への制裁を実施し、海外からの投資は完全にストップした。同89年、翌90年の経済成長率はそれぞれ4パーセント台にまで落ち込み、実質的なマイナス成長となった。このままでは、中国は国際社会から孤立したまま、経済崩壊という最悪の結末を迎えることになりかねない。

天安門事件に象徴される中共政権の人権抑圧に反発する西側諸国は、経済面だけでなく、首脳らの訪中も取りやめるなど制裁の幅を広げていた。当時の中国指導部にとって、こうした対中制裁網を突破するため、どこかに風穴を開けることが緊急の課題となっていて、まさに生き残りをかけた最優先任務だった。彼らが目をつけたのは、西側先進国の中で中国の外交工作にもっとも弱く、中国にもっとも利用されやすい日本である。

外交的孤立の突破口を開けるため、中共政権は盛んな対日外交工作を行った。天安門事件翌年の1990年11月、外交担当の副首相だった呉学謙《ごがくけん》は天皇陛下の即位の礼への参列のため日本を訪問し、与党自民党と野党の要人たちと続々と会談を行った。外交工作の結果、呉学謙訪日の直後に、日本政府は天安門事件後に凍結していた第三次円借款の再開を決め、西側諸国の中で最も早く、率先して中国への経済制裁を解除したのである。

そして1992年4月、今度は共産党総書記の江沢民が日本を訪れた。彼の訪日の最大にして唯一の目的は、当時の宮澤喜一内閣を相手に「天皇訪中」を実現する工作の大詰め作業であった。江沢民と中共政権はこの工作の成功に国運のすべてをかけていたが、結果的に彼らの必死の工作が功を奏し、前述のように1992年10月、日中関係史上初の天皇訪中が実現した。

江沢民と中共政権は、この外交上の成功から何を得たのか。時の中国外相の銭其琛《せんきしん》という人物が、引退後の2003年に出版した回顧録『外交十記』のなかで、天皇訪中の一件について色々と書いた。それを一読すれば、当時の中共政権が天皇訪中でどれほど大きな利益を得たのか、よくわかる。

銭其琛は、国際的な中国包囲網の突破口として日本を選んだ理由を、こう書いている。

「日本は中国に制裁を科した西側の連合戦線のなかで弱い部分であり、おのずから中国が西側の制裁を打ち破る、もっとも適切な突破口となった」

銭其琛はさらに、

「（天皇訪中が実現すれば）西側各国が中国との高レベルの相互訪問を中止した状況を打破できるのみならず、（中略）日本の民衆に日中善隣友好政策をもっと支持させられるようになる」

「この時期の天皇訪中は、西側の対中制裁を打破するうえで積極的な効果があり、その意義は明らかに中日両国関係の範囲を超えていた。（中略）この結果、欧州共同体（EC＝現在のEUの前身）が同様の措置（制裁解除）を始めた」

当時の中国外交の直接の担当者だった、銭其琛の一連の証言は非常に重要である。そこからよく分かるように、中国にとっての天皇訪中は確かに、西側諸国による制裁網を打ち破り、国際社会から孤立した局面を打開する絶好のチャンスであり、起死回生の突破口そのものであった。

そのために、中共政権は国をあげて天皇訪中を「熱烈歓迎」した。党総書記の江沢民自身が先頭に立って日本中の親中政治家やチャイナスクールの外交官を動かし、対日工作を必死に展開した。工作によって実現した天皇訪中は、最初から最後まで中共政権の党利のため画策されたもので、まさに「中共による中共のための」政治的イベントに過ぎなかった。

その結果はすべて、中共政権の望む通りの展開となった。天皇訪中以来、中国は日本を突破口にして西側の制裁網を打ち破り、国際社会への復帰をみごとに果たした。状況が安定してからは、中国への諸外国（日本を含む）からの投資は以前よりも格段に増え、ふたたび、中国経済の高度成長の起爆剤となった。

そして、天皇訪中の１９９２年から２０２１年までの30年間、中国は史上最大にして最長期間の高度成長を成し遂げ、日本を抜き去って世界第二位の経済大国となった。高度経済成長の上に成り立つ中国の軍事力と外交力の増強は、日本の安全保障を脅かす、現実の脅威になっているのである。

中国が日本に助けられて強くなっていったこのプロセスにおいて、日本人なら絶対許せない出来事も起きた。１９９８年11月、江沢民が国家主席として日本を訪問した時のことである。

天皇訪中から6年も経った当時、中国は天安門事件以来の疲弊した国内経済の立て直しにある程度成功し、当時のアメリカのクリントン政権とも良い関係を構築して、国際的立場はかなり強くなった。

日本に対する立場がすでに優位になったと思った江沢民は、日本訪問中、いたるところで「歴史問題」を持ち出し、激しい日本批判を行った。中国を大いに助けたこの日本の地において、彼は終始一貫、威圧的・横暴な態度を貫いた。「恩を仇で返す」という言葉を地でいく、あるまじき言動であったが、日本人としてもっとも許し難いのは、天皇陛下主催の宮中晩餐会での江沢民の無礼千万の振る舞いである。

宮中晩餐会の礼儀に沿って、ホスト役の天皇陛下をはじめ、男性の出席者全員がブラック・タイの礼服を着用していた。ところが、江沢民一人だけが黒い人民服を身につけて厳しい表情で臨席し、天皇陛下に対する非礼の態度を露わにした。そして晩餐会でのスピーチで江沢民は、「日本軍国主義は対外侵略の誤った道を歩んだ」云々と、天皇陛下の前で公然と日本批判を行い、日本国と天皇陛下の両方を侮辱した。

その場に居合わせた日本側の出席者は全員、凍りつくような思いだったろうが、その光景はまるで、「農夫と蛇」のイソップ寓話を外交の舞台でそのまま再現したかのようである。日本という善良な農夫に命を助けられた江沢民という名の蛇は、ちょうど元気を取り戻したところで、恩を仇で返そうと、農夫にいきなり嚙みついてきたのである。

日本人にとって大きな屈辱だったこの光景こそ、１９７２年の国交樹立から始まった日中関係の基本的性格を象徴的に表したものである。約半世紀もの間、日本という国は、いつも中共政権に利用されて中国を助けた後、嚙みつかれて深い傷を負う羽目になったのだ。

日本を「悪魔の国」に仕立てた、江沢民時代の反日教育

天安門事件後に成立した江沢民政権は、盛んな対日工作を行い、日本を外交戦略上、最大限に利用したことは前述したが、国内政策においても、日本を「天安門事件後遺症」を克服する道具として、大いに利用した。

1989年6月に起きた天安門事件では、首都北京市中心部の天安門広場とその周辺に民主化を求めて集まった若者や一般市民に対し、中共政権は人民解放軍を出動させて武力鎮圧に踏み切った。世界を震撼させた「血の日曜日」の天安門大虐殺の発生である。

民主化運動の鎮圧によって、共産党政権は一応の難局を乗り越えて、国内の混乱状況を収拾することができた。しかしまさにその時点から、共産党政権はまたもや、新たな危機に直面することとなった。武力で民主化運動を鎮圧し、愛国の若者たちを大量に虐殺した事実が国民一般の知るところとなり、共産党の威信は地に堕ちた。共産主義のイデオロギーも事実上崩壊し、国民の間で政権の求心力は完全に失われた。

そうした中、鎮圧直後に成立した江沢民政権にとり、共産党政権の求心力をいかにして

取り戻すかが最大の政治課題となっていた。そのために江沢民政権が開発した方策は、国民全体を対象とする「愛国主義精神高揚運動」の推進と、それとセットになった反日教育の展開である。

「愛国主義精神高揚運動」の狙いは、崩壊状態となった共産主義のイデオロギーの代用品として愛国主義の旗印を掲げ、国民を束ねていくことである。この運動の推進に伴い、「愛国主義精神高揚」の装置としての「反日教育」が大規模に展開されていった。反日洗脳教育を行って日本という国を「憎むべき外敵」に仕立て、国民の間の愛国情念を煽るためである。

いつの時代でも、憎むべき「敵国」があるからこそ、国民の「愛国情念」が大いに盛り上がるものだが、われわれ日本人にとって不幸だったのは、「歴史問題」でいじめの標的になりやすいこの国が、江沢民政権によって格好な「敵国役」に選ばれたことだ。

日本という国を「憎むべき敵国」に仕立てあげるために、江沢民政権は１９９０年代に入ってから、「愛国主義教育実施要綱」を制定し、全国の大中小学校で「反日教育」と表裏一体の「愛国主義教育」を全面的に展開した。

当時の学校教育における反日教育の実態について、普段は親中の立場をとる日本の朝日新聞でさえ、2012年10月24日付の朝刊一面でこう書いたことがある。

「江沢民国家主席時代の1990年代、当局が強化した教育重点事項。小中学校で愛国を題材にした映画や歌、本それぞれ100作品を推薦することが決まり、毎学期に数回は抗日を題材にした映画上映会も開かれるようになった。全国に約350カ所ある抗日記念館などを見学することも定められた」

江沢民政権が学校教育で進めた反日教育の実態は、まさにこの朝日記事の通りだが、実は政権の反日教育は、学校教育だけのものではなかった。それは、新聞・出版・映画・テレビなどのあらゆるメディアや媒体を総動員して、全国民を対象にする凄まじい洗脳教育だったのである。

この反日教育の最大の特徴は、日本という国と日本民族を凶暴な「悪魔」のような存在として描き、人々の日本に対する憎悪の感情を極力、煽り立てていくことである。

例えば当時、上海の一流大学で教師をしていた尹協華《いんきょうか》という研究者は、『日本の秘密』(中国電影出版社)という著作を刊行して「日本はもっとも危険な軍国主義国家」であると論じたが、その中で彼は、「野獣」とか「悪魔」といった言葉を乱発して日本を罵倒した挙げ句、「野獣はいつの日か必ず人を食う」との結論に達している。

あるいは、著名なジャーナリストである寧海《ねいかい》は、『野心と密謀』(中国華僑出版社)というタイトルの自著で「日本人は侵略民族である」と断じたが、その根拠はすなわち、日本民族が元来、その「島国根性」から発するところの「残忍な侵略根性」を持っているからであるという。

あるいは肖季文《しょうきぶん》など3名の学者の共著である『日本:罪を認めたくない国』という書籍は、日本人の「偏狭心理」こそが「軍国主義精神の根源」であると断言しているが、その理論的展開において共著者たちは、「このような偏狭心理に支配されている日本民族は、野蛮的・凶暴的・貪欲的になっている」と、赤裸々な民族差別の暴言を用いて日本を罵倒した。

このような日本批判は、もはや知性とか論理を無視した、まさに特定の民族集団に対する憎悪と敵意を過激な表現で煽り立てる、ヘイトスピーチの典型であり、日本に対する憎しみの感情の煽動こそが、その最大の目的といえる。

中国国民の反日感情はこうして煽られた

共産党政権の反日教育でよく使われる常套手段の一つは、マスメディアの総動員による集中攻撃的な日本批判キャンペーンである。それはたいていの場合、何らかの事件をきっかけに、新聞・テレビを含む中国全土のマスメディアが総動員され、まったく同じ時期に同じような論調で、日本に対し集中攻撃の砲火を一斉に浴びせるという、暴風驟《しゅう》雨《う》のような人民裁判式大キャンペーンの展開だ。

たとえば、こんな実例があった。

2000年1月23日、日本の民間団体が大阪で「南京大虐殺」の真偽を検証するという400人参加の集会を3時間にわたって行った。それに対し、中国のマスメディアが反応した。この400人の集会に、人民日報、中央テレビを筆頭とする中国全国の新聞・テレビ・雑誌が総力を動員して、嵐のような日本批判キャンペーンを、何と半月間にもわたって延々と展開したのである。

もちろんそこで「大阪集会」そのものに対する批判は、単なる日本批判キャンペーンの「導入部」にすぎない。中国のマスメディアはそれを口実にして、ありとあらゆる嘘とでたらめを並べ、中傷・誹謗の限りを尽くして日本を総攻撃するキャンペーンを思う存分、やり遂げたのである。

たとえば人民日報は「大阪集会」が開かれた1月23日の9日前の1月14日から、批判キャンペーンの先陣を切った。そして1月28日までの15日間に、実に18点の記事・論評を掲載して、まさに人民日報らしく、全国規模の反日キャンペーンを主導する役割を果たした。

以下、1月14日から28日までの人民日報の関連記事の見出しを辿《たど》りながら、この新聞が主導した批判キャンペーンの展開を追ってみよう。

- 1月14日、4面掲載「日本の右翼勢力が南京大虐殺否認反動集会を開くことに対し、中日両国人民が同じ声で強烈に非難・抗議する」
- 1月15日、3面掲載「日中友好協会責任者が談話発表、南京大虐殺否認行為を譴責《けんせき》」
- 1月17日、4面掲載「南京歴史学界は日本の右翼勢力の南京大虐殺否認集会に強烈抗議、歴史は改竄《かいざん》を許さず、鉄の事実は覆《くつがえ》すことができない」
- 1月18日、6面掲載「在日華僑が南京大虐殺否認に抗議」
- 1月21日、4面掲載「瀋陽各界は日本右翼の反中国行為を憤怒して糾弾」「南京各界は日本右翼勢力の南京大虐殺否認を痛烈に批判」
- 1月22日、6面掲載「カナダ在留華僑がフォーラム主催　日本右翼団体の戦争犯罪否認を痛烈に批判」

- 1月24日、1面掲載　外務省スポークスマン談話発表「中国は日本国内の中国侵略犯罪行為否認を強烈譴責」、2面掲載　人民日報評論員文「いったい誰が嘘をついているのか」、報道記事「瀋陽の数十名の抗日連盟老戦士および専門家たちが集会、日本の右翼勢力の南京大虐殺否認に抗議」、6面掲載　報道記事「右翼勢力の南京大虐殺否認集会に対し、大阪民衆が強烈抗議を表す」
- 1月25日、4面掲載「南京各界人士、雪のなかで集会　日本の右翼勢力の反中国行為を批判」「南京大虐殺に新たな証拠が発見」、6面掲載「フィリピンの新聞が日本の右翼勢力の南京大虐殺否認に反論」
- 1月26日、4面掲載「全国政治協商会議外事委員会一部委員が座談会を開き、日本の右翼勢力の反中国行為に強烈譴責」、6面掲載「歴史は歪曲を許さない、北朝鮮の歴史学者李鐘賢氏に尋ねる」
- 1月27日、4面掲載　中日友好協会責任者が書面談話を発表「血で書かれた歴史は改竄を許さない」
- 1月28日、4面掲載 人民日報評論員文「日本の右翼による巻き返しの逆流を警戒する」

以上は、大阪で開かれた400人の民間人参加の「検証集会」に対して、7千万人以上(当時)の党員を有する中国共産党の機関紙が行った連続15日間の集中攻撃キャンペーンの実態である。このために「南京各界」や「瀋陽各界」はもとより、「在日華僑」や「カナダ在留華僑」までが動員されて気勢をあげた。

大阪の民間人が開いたささやかな民間の集会に対し、それほど大規模な批判キャンペーンを展開していくのは、どう考えても大袈裟な過剰反応以外の何ものでもない。その場合、人民日報にとって「大阪集会」開催はたんなる口実にすぎない。このささやかな集会を精いっぱい利用して、反日大キャンペーンを展開することこそ、人民日報とその背後の共産党政権の本当の目的であろう。もちろん、キャンペーンの究極目的は、国民における反日感情の煽動である。

そして前述のように、このキャンペーンに参加したのは人民日報だけでなく、全国のマスコミが総動員された。

たとえば南京で発行されている新華日報は、「虐殺事件」の地元ゆえに、反日キャンペーンの凄まじさはいっそう目を見張るものだった。1月15日から25日までの11日間に、同紙に登場した関連記事・抗議文・批判論文は合わせて23点にも上る猛烈ぶりである。

それ以外にも、たとえば人民解放軍の機関紙である解放軍報、全国の知識人を主な読者層とする格調の高い光明日報、経営者たちにもっとも人気のある中国経営報も、この反日キャンペーンの展開に全力を挙げた。

普段なら、もっぱら生活と娯楽の情報を取り扱う、上海の新民晩報のような庶民的な夕刊紙までが、いきなり真面目な顔をして反日キャンペーンを張り、気勢をあげたのである。

それらの中には、「日本鬼子が本性を剝き出した」とか、「日本軍国主義の亡霊が蘇《よみがえ》った」とか、煽情的な警告を連発するものもあれば、「日本軍国主義者の侵略に備えよう」とか「国外からのいかなる脅威にも対応する準備を整えよう」と呼びかけるものもあった。

しかしよく考えてみれば、大阪で民間人が「南京事件」を検証するための集会を一度開いただけのことで、一体なぜ「日本軍国主義の亡霊が蘇った」となるのだろうか。民間の集会が開かれたことがどうして、中国が備えるべき「日本軍国主義者の侵略」となるのだろうか。こうした批判と宣伝はまったくの嘘、デタラメ、悪意に基づく煽動であることは明白だ。

これは中国のマスメディアが政権による動員体制で行った、国民への洗脳工作の典型例である。

そして、前述の学者、ジャーナリストたちの「ご著書」に見る日本論の歪みと、この全国規模の反日キャンペーンの恐ろしい事態を組み合わせて考えると、中国政府主導の反日洗脳教育の目的が一体どこにあるのか、火を見るより明らかではないか。

その唯一かつ最大の目的は、国民における日本憎悪の感情の創出である。それ以上でもなければそれ以下でもないのである。

胡錦濤政権下で起きた、史上最大反日暴動の狂気

江沢民政権による煽動的な反日教育が長期間行われた結果、多くの中国国民、特に若者たちの間に、全く現実的な根拠や理由をもたない、激しい反日感情が広がり、「日本憎悪」は時代の風潮とさえなっていった。この得体の知れない反日感情が目に見える姿となって現れたのが2005年春、胡錦濤政権下の中国で広がった大規模な反日運動と反日暴動である。

運動の起因はそもそも、日中関係と関係のない話だった。2005年3月21日、国連のアナン事務総長（当時）が日本の国連安全保障理事会常任理事国入りを示唆《しさ》する発言を行っ

たが、おそらく本人は思いもよらない形で、これが中国で大きな反発を呼び、反日運動開始のきっかけとなった。

アナン発言の翌日3月22日、尖閣諸島の中国領有を主張する民間団体「中国民間保釣（釣魚島保全）連合会」はさっそく自分たちのホームページで「日本の常任理事国入りを阻止せよ」とのスローガンを掲げて、反対運動を呼びかけた。

それを受け、当日の夜から、中国国内の三大ポータルサイトである新浪網、捜狐、網易が相次いで自社サイトで署名用ページを開設、日本の常任理事国入り反対のネット署名を募り始めた。

そして3月26日夜になると、上記の三大ポータルサイトに集まった署名数は３００万筆を軽く突破した。28日の午後、それはついに７００万筆に達し、まさに燎原の火のような勢いであった。

その一方、全国の各大都市や大学で、さまざまな形の反対運動が一斉に展開され、それを伝える多くの記事のタイトルが国内の新聞紙の１面を飾った。

「広州市街地で１万人署名、日本の常任理事国入り反対」「鄭州市中心部で１万人集まる、日本の常任理事国入り反対」「深圳市民が自家用車で車列デモ、日本の常任理事国入り阻止」

「北京大学学生、日本大使館に反対署名提出」「四川師範大学1万人署名」「成都市民数万人反対署名」「貴陽市民2万街頭署名に参加」、などなどである。

この流れの中で、日本の常任理事国入りに反対する運動はますます激化し、打ちこわしなどの暴動へとエスカレートしていった。

西南地域の大都市である成都では4月2日の夕方、数千人の若者たちが市街地でデモを繰り広げてから、日系スーパーのイトーヨーカ堂の前に集まった。彼らは「日本製品ボイコット」と叫びながら石やパイプを使って店のショーウィンドウを打ち壊した。

4月3日、広東省の深圳市でも大規模なデモが起きた。2千人ほどの参加者が市中心部の広場に集まって反対集会を開いてから、二手に別れて市内をデモ行進した。その一群が目指したのは日系スーパーのジャスコである。目的地に着くと、彼らは「日本の常任理事国入り反対」などを叫びながら、店の看板や休憩コーナーのパラソルなどを壊して気勢をあげた。

4月9日、首都の北京で1万人以上も参加したという、それまでで最大規模のデモが発生した。北京市内を行進しながら膨張していくデモ隊は、やがて駐中国日本大使館にたどり着き、そこで、参加者たちの投石による日本大使館襲撃という最悪の事態が起きた。

そして4月16日に上海で起きた反日デモの参加者は延べ2万人に達した。デモ隊は日本の総領事館を目指し行進したが、総領事館に到着するや、一部の参加者たちはさっそく暴徒と化した。彼らは石のほかペットボトルや野菜、果物などを総領事館に向けて投げた。窓ガラス十数枚が割れ、ペンキで外壁などが汚された。

同時に、上海市内の中心部でも暴動が発生し、日本料理店やコンビニなど十数軒以上の日系店舗が壊され、4月9日に起きた北京の反日デモを上回る最大規模の被害を出した。

このように、3月23日から始まった国民的署名運動は数週間のうちに大規模な反日デモに発展し、無法な暴動にまでエスカレートした。これは中華人民共和国建国以来、最大規模の反日運動であり、例の天安門事件以来、中国国内で起きた最大の群衆運動でもあった。

しかし、これほど大規模な反日運動が発生した、その肝心な原因については、まさしく不可思議としか言いようがない。

前述のように、日本の国連常任理事国入りを示唆したアナン事務総長の発言が、署名運動発生のそもそものきっかけであり、日本の常任理事国入り阻止こそ、この運動の大義名分だった。しかしよく考えてみると、日本の国連常任理事国入りは中国に対する「敵対行為」でもなければ、中国人民の感情を傷つける挑発行為でもないはずだ。中国とは無関係のところで、日本が常任理事国になると示唆されただけで、中国人民はなぜ、そこまで怒らなければならなかったのか。

当時の中国人たちが日本の常任理事国入りに反対した、具体的な理由を見てみよう。例えば前述の三大ポータルサイトの一つである新浪網（ＳＩＮＡ）に「日本の常任理事国入り反対署名」の専用ページが開設されたことは前述した通りだが、この専用ページにはユーザーたちの反対の理由や自分たちの思いを書き込む欄があった。そこに書き込まれたコメントを読めば、彼らがなぜ、日本の常任理事国入りに反対したのかがわかるはずだ。

中国人が寄せた「反対理由」のうち、もっとも多いのは次のようなものである。

「日本という豚一匹を常任理事国に入れてはならない。そこは人の集まる場所だからである」

「日本に常任理事国入りを許したら、小日本は必ずや第三次世界大戦を引き起こすに違いない」

「日本が常任理事国に入る。それは国連を作った我々の先人に対する侮辱ではないのか。われわれは人間だから、犬の類と同じテーブルを囲んで飯を食べるわけにはいかない」

「日本が常任理事国となるのは、まるで服役中の囚人が牢獄長となるようなものだ。一人の中国人として、日本にその人民を虐殺されたこの国の一員として、断固として反対する」「日本に常任理事国となる資格がどこにあるのか。そもそも日本人はこの地球から出ていくべき人種なのだ。カネさえあれば何でもできると思っているとは、本当に恥知らずだ」

以上、いくつかの実例を通して、中国人が考えている、日本の常任理事国入りに反対する理由を見た。おそらく本人たち以外の誰から見ても、それらの「理由」に、何の合理性も正当性もないことは明白だ。彼らはただ、日本に抱いている人種差別的な偏見と憎悪感情にしたがって、一種のヒステリーを起こし、日本の常任理事国入りに感情的に反発しているだけである。

もちろん、彼らが日本に対して抱く、歪んだ偏見と憎悪感には何の正当性もないし、現実的な根拠もない。日本が常任理事国になれば必ず第三次世界大戦を起こすという「言説」に、一体何の根拠があるというのか。平和国家となった今の日本がなぜ「服役中の囚人」なのか。すべては中国政府が行った反日教育の嘘とデタラメに過ぎないのだ。

そして、長年にわたって行われた嘘とでたらめな反日教育の結果、偏見と憎悪が多くの中国人の脳内に植え付けられ、それが彼らの感情を左右して反日運動の原動力となったのである。

その意味で、2005年春に中国で起きた「理由なき反日デモと暴動」は、まさに1990年代以来、中国共産党政権が行ってきた反日教育の大いなる「成果」であり、反日教育の総決算ともいうべきものであろう。江沢民政権が蒔《ま》いた「反日」の種が、胡錦濤政権時代に大いに開花して、実ったわけである。

中国共産党誕生百周年の2021年現在、この史上最大の反日暴動からすでに16年の歳月が流れた。その間、反日教育を進めた江沢民政権はとっくに終わり、暴動当時の胡錦濤政権も過去のものとなった。しかし今でも、江沢民によって始められた反日教育は決して収束したわけではないし、2005年の反日暴動で姿を現した狂気のような反日感情が消えたわけでもない。

本書の最終章となる次章で記すように、2012年に成立した現在の習近平政権の下で、「反日」はむしろ中共政権の長期的な国策となり、中国は今、日本に軍事的にも刃を向けてきているのである。

最終章
危険すぎる
習近平ファシズム政権の正体と末路

極悪の習近平政権を誕生させた「闇の力」

本書は中国共産党結党百周年にあたり、このとんでもないファシズム政党が、今までどのような邪悪な道を歩み、いかなる悪事を働いてきたのか、第一章から第七章まで、多岐にわたり記してきた。

中共は誕生した日からテロと破壊活動を本業とし、国民党への浸透と乗っ取りによって台頭のチャンスを摑み、そして「一村一焼一殺」という強盗と殺戮を農村地域で実行して、勢力を伸ばした。

日中戦争が終わり、中国国民が平和と安定を望んでいた中で、一大勢力となった中国共産党は１９４６年、「人民解放軍」という名の反乱軍を率いて国民党との内戦に突入し、武力による政権奪取を目指した。大変不幸なことに、中共と共産党軍による手段を選ばない残虐な戦争の進め方と、国民党軍に対する驚異の浸透工作の結果、１９４９年、共産党軍が内戦に完全勝利を収めて、中国共産党が全国政権を樹立することになった。

中共政権成立のその日から、国内では国民のエリート層を標的とする組織的な大量虐殺が継続的に行われた。対外的には周辺民族に対する侵略・占領政策を進め、朝鮮半島にも出兵して北朝鮮の金日成政権を助けて国連軍と戦った。

国内政治において、中共政権は毛沢東を頂点とする全体主義的な一党独裁体制を作り上げ、中国国民からあらゆる自由と権利を奪い、党による抑圧と支配下に置いた。そして、共産党軍が占領した周辺民族の地域では、中共政権は政治的支配を強めながら民族同化・民族浄化の政策を進め、時には周辺民族に対する組織的な大量虐殺も断行した。

人民を奴隷として支配し苦しい生活を強いながら、中共政権の幹部たちは贅沢と淫乱を貪《むさぼ》る生活を送った。彼らは若い女性を己の性欲を満足させる道具として取り扱い、人民を搾取して自分たちのあらゆる貪欲を満たした。その一方で彼らは、結党当時から残酷な党内闘争をくり返し、殺し合いの内ゲバを展開した。時には、自分たちの仲間に対してもお家芸の大量虐殺を辞さなかった。

この極悪な中国共産党が、結党してから百年にわたって存続してきたこと、そして七十数年間にわたって中国を支配してきたことは、中国人民および周辺民族の最大の不幸であり、悪夢でしかなったが、残念ながら、現在でもこの不幸と悪夢が終わる気配は全くない。むしろ、今から9年前に成立した習近平政権の下では、中国人民と周辺民族の不幸と苦難はますます深まり、そして中共政権のもたらす災禍《さいか》はいよいよ、中国大陸周辺のわれわれ近隣国にも及んできているのである。

習近平政権とはどのような性質の政権なのか。中国の独裁者となった習近平とは、果たしてどういう人物なのか。

まず、習近平の生い立ちと経歴、そして習政権誕生の経緯を簡単におさらいしておこう。

1953年に生まれた習近平は、共産党高級幹部の習仲勲《しゅうちゅうくん》を父親にもつ、特権階級家庭のボンボンとして優越感たっぷりの子供時代を送っていた。しかし文化大革命の前、父親の習仲勲が毛沢東の手によって粛清され、1966年に文化大革命が始まると、中学校1年生だった習近平は学校から追い出されて陝西省の農村地域へと下放された。高級幹部の子弟として優雅な幼少期を送った彼はそこで、屈辱と極貧の生活を強いられ、地獄のどん底に陥るような惨めな思いをした。

少年時代のこの壮絶な人生体験は、「権力信仰」ともいうべき固い信念を習近平の心に刻みつけた。父親が権力者であったとき、自分と家族は人の上に立ち、何不自由ない生活を送っていたが、父親が失脚して権力を失うと、自分たちも全てを失い、地獄へと叩き落とされた。

権力こそ全てであることを、習近平は少年時代に人生の一番大事な教訓として心に刻んだのである。そこから権力志向の人格を形成していった。下放された農村地域の村で村民たちから受けた屈辱はまた、権力に対する彼の執着心を増幅させ、周辺の世界に対する不信感や報復心などの黒い情念を心の奥に植え付けた。

やがて毛沢東が死に、鄧小平の時代になると、父親の習仲勲は復活してきてふたたび権力の座に戻った。そこから習近平は、親の七光のおかげで陽の当たる道を歩み始めた。

中学校1年生の時に学校教育の道を閉ざされた彼は、当時の推薦入学で名門大学の清華大学に裏口入学し、なんなく卒業できた。卒業と同時に、父親のコネで人民解放軍に入隊し、軍最高幹部の秘書となった。数年後、今度は父親の習仲勲のかつての部下が党責任者を務める河北省の地方幹部となり、さらに数年後にはまた、父親のかつての同僚兼親友が党責任者を務める福建省へ転属となった。

福建省で習近平は、これといった業績もないのに、党内の出世街道を一直線に登っていたが、その中で、後に江沢民政権の大幹部となった賈慶林《かけいりん》・福建省党委員会書記へ取り入ることに成功し、賈慶林の子分となった。そして賈慶林の引き立てで、時の最高権力者だった江沢民の知遇も得て、準子分の一人となった。そしてこの幸運はのちに、習近平という権力の亡者を、政治権力の頂点に押し上げることになる。

本書第四章でも記したように、2007年の党大会で、当時の共産党総書記・国家主席だった胡錦濤の後継者を決めるとき、隠然たる勢力を持っていた江沢民と江沢民一派は、胡錦濤の意中の後継者人事を潰し、自分たちに近いと思われた習近平を担ぎ出して、胡錦濤の後釜に据えた。そして2012年の党大会で、総書記職を2期10年務め上げた胡錦濤が党内ルールにしたがって引退すると、江沢民一派の後押しを得た習近平は、首尾よく共産党総書記の座についた。翌年3月の全人代で彼は予定通り、中国の国家主席になった。

このように、大した能力も実績も持ち合わせていない中国政界の二代目ボンボン習近平は、賈慶林を経由して江沢民の意にかなったというそれだけの理由で、中共政権の最高指導者の椅子に座ることとなった。

習近平の政治家人生の大半は親の七光で出世街道を歩んだわけだが、出世街道の最終段階で、江沢民の愛顧を得ることに成功し、政治権力の頂点へ登り詰めることができた。親の七つ光と悪運の強さ、この二つこそが、習近平に天下を取らせた秘密であり、悪の習近平政権を誕生させた「闇の力」であった。

恐怖政治による個人独裁の確立、諸民族へのジェノサイド

自らの政権を成立させた1期目の5年間、習近平は恐怖政治を行って党内の反対勢力を一掃し、権力基盤を強固なものにした。同時に彼は、胡錦濤政権時代に定着した「集団的指導体制」を打ち壊し、自らを中心とする個人独裁の権力構造を作り上げた。わずか5年間で、習近平は権力の大きさにおいて、先代の胡錦濤や先先代の江沢民をはるかに超える、中共政権の唯一無二の独裁者となった。

彼はどうやってそれを成し遂げたのか。その秘訣は、「腐敗撲滅」を最大の武器に使った恐怖政治の展開にあった。

本書第六章で記したように、中共政権内の腐敗文化と淫乱文化は江沢民政権時代に全面開花した。次の胡錦濤政権時代においても、この二つの共産党文化はわが世の春を謳歌《おうか》して栄え続けた。特に腐敗についていえば、胡錦濤政権時代の後期、共産党幹部で腐敗に手を出していない人間はほとんどいなくなったほど、汚職や収賄などが政権内の「普遍的な文化」として隆盛を極めた。

「腐敗の普遍化」ともいうべき党内のこの現象は、習近平にとり、粛清によって自らの権力基盤を固める好機となった。

共産党総書記に就任して早々、習近平は唯一の政治的盟友である王岐山《おうきざん》という共産党大幹部を、腐敗摘発専門機関の中央規律検査委員会の書記に就任させた。以降の5年間、習近平・王岐山コンビは二人三脚で、中共政権内における凄まじい「腐敗撲滅運動」を展開した。２０１２年秋から２０１７年秋までの5年間で、累計25万人以上の共産党幹部が、摘発を受けて失脚したり刑務所入りとなった。

もちろん、習近平と王岐山が進めた腐敗摘発は、本気で腐敗を撲滅しようとしたものではない。それはあくまでも、習近平が党内の政敵を潰す権力闘争の武器であり、共産党幹部全員に脅しをかけて習近平への絶対服従を強いる手段に過ぎなかった。

習近平たちの腐敗摘発は、最初から「選別的な摘発」であった。習近平や王岐山の身内の腐敗や、子分たちの腐敗は一切不問にして、摘発の矛先をもっぱら政治上の対立勢力に向けた。この手段によって習近平は、江沢民派の勢力をバックに自分に盾付く元共産党政治局常務委員・警察ボスの周永康《しゅうえいこう》や解放軍元制服組トップの郭伯雄《かくはくゆう》などを摘発・粛清し、それを機に警察と軍を掌握した腐敗摘発で政敵を粛清する一方、習近平・王岐山コンビはまた、この手法で恐怖政治を行い、党幹部を怯えさせてねじ伏せた。

前述のように、共産党幹部はほぼ全員、腐敗に手を出しているから、摘発の手が及んでくれば、誰もが破滅の運命から逃れられない。そこで習近平と王岐山は「選別的な腐敗摘発」によって幹部たちに明確なメッセージを送った。「習総書記に不服な輩は漏れなく摘発して破滅させる。しかし習総書記に絶対服従していれば目を瞑《つむ》ってやる」というメッセージである。

腐敗にたっぷり浸かっている共産党幹部の大多数はいっせいに習近平に平伏し、絶対服従を誓うこととなった。その結果、習近平の個人独裁体制はわずか5年間で強固なものとなった。

権力基盤を固めた上で、習近平はさらに2017年の党大会で、自らの名前を冠する「習近平思想」を中国共産党の規約に盛り込み、マルクス主義や毛沢東思想と並ぶ中共政権の指導的思想理念として掲げた。これによって習近平は、政治上の独裁者として君臨するだけでなく、思想上・精神上の支配においても共産党の「教祖様」になった。

鄧小平以来、中国の憲法には国家主席の任期の制限が設けられ、「国家主席は2期10年以上務めてはならない」というルールがあった。江沢民も胡錦濤もこのルールに従い、10年務めた後に国家主席のポストから退いた。しかし習近平政権2期目の2018年3月、習側近の主導で憲法改正が強行され、国家主席任期のルールは憲法から削除された。これで習近平には、以前の毛沢東と同様、死ぬまで最高権力の座にしがみつく終身独裁者への道が開かれた。

習近平による政治上の「毛沢東回帰」はそれだけではない。彼の政権では、独立思考の知識人や人権弁護士らに対する弾圧がますます激しくなり、イデオロギー統制が厳しくなった。近年ではついに、「自由主義」「個人主義」的傾向のある書籍を全国の学校から追放し、幼稚園生にまで洗脳的な「愛党教育」を強いることが決まった。

国民への政治支配を強化するため、毛沢東時代の密告制度が復活し、さらに毛沢東時代にはなかったＩＴ技術やＡＩ技術を駆使した国民監視システムが完成した。経済領域ではアリババなどの民間企業へのいじめとも言える介入がますます酷くなり、国有企業増強による計画経済への回帰が明確な流れとなった。

いま、習近平政権下の中国は、毛沢東時代の狂気の文化大革命へ逆戻りしている最中である。

さらに、習近平政権によるチベット人、ウイグル人などの民族を標的にした赤裸々な民族浄化政策は、世紀の蛮行といってよい。特に新疆地域に住むウイグル人に対して、青年からお年寄りまで１００万人単位の男女を強制収容所に閉じ込め、洗脳教育と拷問・虐殺の限りを尽くしているほか、収容したウイグル人女性たちへの野蛮な性的暴行も日常茶飯事となっている。

多くのウイグル人女性に不妊手術を強制し、悪辣極まりない手口でウイグル人の民族浄化、ジェノサイドを組織的に行っている。同時に共産党政権は、南モンゴルのモンゴル人を含む多くの民族から言葉（母語）を奪って中国語の学習を強制し、いわば文化的ジェノサイドを行っている。

毛沢東時代の民族弾圧・虐殺のレベルすら軽く超えて、今の習近平政権は、ユダヤ人に対するナチスドイツの民族絶滅と同等の民族ジェノサイドを実施している。習近平政権は間違いなく21世紀のナチスと化しており、習近平は21世紀のヒトラーとなって、人類に対する罪、人道的犯罪に手を染めているのである。

アジア支配・世界制覇に乗り出す習政権、国策としての反日

共産党支配下の諸民族に対して、言語道断のジェノサイドを断行する一方、習近平政権は周辺諸国とインド太平洋の海域に対して、侵略的な拡張戦略を進めている。

習近平は政権のトップに就任早々、「中華民族の偉大なる復興」というスローガンを掲げて、アジア支配と世界制覇の野望を露わにした。今や習近平政権の一枚看板としての政策理念となったこのスローガンの意味するものは、多くの周辺国を属国として支配した、かつての中華帝国の威光を取り戻して、アジアとその周辺の海域を支配下に置き、共産中国を頂点とする新しい「華夷秩序」を樹立することである。

このとんでもない野望実現のために、習政権はこの9年間というもの、軍事力の増強に全力を上げている。軍事費を毎年のように大幅に増やし、2隻の空母を持つなど軍備拡張に余念がない。

そして広大な南シナ海で多くの島々を占領し、それらを軍事拠点化し、南シナ海全体を中国の軍事支配下に置こうとしている。南シナ海は、世界の貿易量の半分がそこを通過す

る、数多くの国々がシーレーンを共有する海域だが、習近平政権から見れば、南シナ海を軍事的に支配することができれば、生命線であるシーレーンを押さえられた各国はもはや中国に服従する以外にない。「華夷秩序」という名の中国の世界覇権が、これで半分以上出来上がってしまう計算だ。

習近平政権はさらに、日本の固有の領土である尖閣諸島を虎視眈々《こしたんたん》と狙っている。武装した海警局の公船がほぼ毎日、尖閣周辺の日本の領海に侵入しており、領海侵犯が日常茶飯事と化している。小さな既成事実を積み上げて最終的に領土を奪取する「サラミ戦術」で尖閣を奪おうとしている最中である。

習近平政権はまた「祖国統一」の旗印を高く掲げて、独立国家である台湾を武力で併合する準備を着々と進めている。２０２０年秋頃から、中国の空軍機は頻繁に台湾の防空識別圏に侵入したり、台湾海峡の中間線を超えて台湾側を威嚇《いかく》したりして軍事的圧力をかけている。習近平自身は中国軍の陸海空三軍と海軍陸戦隊（海兵隊）をこまめに視察して、「戦争への準備を迅速に整えよう」と号令しているのである。

台湾にとっては、中国の侵略から自国をいかに守れるか、まさに死活問題だが、すぐ隣の日本にとっても、中国が準備する台湾侵略戦争は決して他人事ではない。台湾近海を通るシーレーンは日本の生命線の一つだし、民主主義の独立国家・台湾の存続は、アジアの平和と秩序の維持にとって大変重要である。台湾侵略は、日本を含む周辺国全体への侵略と見てよいだろう。

日本に対して、習近平政権は、江沢民時代から始まった反日教育と反日政策をそのまま受け継いで、「反日」を基本的な国策の一つにしている。

「反日が国策となった」ことを象徴する出来事は、２０１４年、習政権の下で中国が日中戦争にまつわる三つの「国家記念日」を一気に制定したことである。

三つの「国家記念日」とは、7月7日の「抗日戦争勃発記念日」、9月3日の「抗日戦争勝利記念日」、そして12月13日の「南京大虐殺犠牲者追悼日」の三つであるが、いずれも日本との過去の戦争にまつわる記念日である。２０１４年2月開催の全国人民代表大会は、この三つの記念日を「国家記念日」と定める法案を採択した。

中国でも、特定の外国がかかわる歴史的な日を国家記念日と定めるのは異例のことだが、ましてや三つの記念日は全部、日本との戦争に関するものであるのは異常事態だ。近代史上、イギリスやフランスも中国に戦争を仕掛けたが、中国政府は決して、「アヘン戦争記念日」のような国家記念日を制定しない。矛先はすべて、日本に向けられているのである。

しかも、この三つの国家記念日を制定して以降の7年間、すべての記念日に際して、中国政府は毎年必ず大規模な国家的行事を催して、日本批判の気勢を上げている。もちろん今後も、それが恒例化していくのであろう。つまり今年も来年も再来年も、10年後も20年後も、三つの記念日で毎年「歴史問題」にからめて日本を叩く光景が必ず見られるということだ。

もはやそれは、日本側が謝罪するかどうかの問題ではない。たとえば日本が再度「謝罪」したとしても、中国は三つの国家的記念日を取り消すようなことは絶対にしない。それらを制定した時点で、習政権は、「歴史問題」を用いて日本を未来永劫叩いていくことを、国策として決めたからである。

反日の国策を貫く一方で、習政権は以前の江沢民政権と同様、日本を利用すべき時は徹底的に利用しようとしている。2017年にアメリカでトランプ政権が成立した後、米中対立は徐々に深まってきたが、その中で、日米同盟にくさびを打ち込んでアメリカを牽制するために、習近平政権は安倍政権下の日本に急接近した。そして、かつて江沢民政権が天皇訪中を実現させることで国際的孤立を打破したのと似た手法で、中国は今般、習近平の国賓訪日を日本側に働きかけ、実現の一歩手前まで推し進めた。

後に、中国武漢発のコロナ禍の発生で訪日の話は立ち消えたが、日本にとって幸いなことだった。「21世紀のヒトラー」習近平が国賓として訪日し、天皇陛下と握手することとなれば、日本にとって永遠の汚点となるからだ。

自由世界vs中共政権の最後の戦い、邪悪な政党の歴史に終止符を！

武漢発のコロナ禍では、武漢市内でコロナウイルスが拡散し始めた初期段階で、習近平政権が徹底的な情報隠蔽を行った結果、ウイルスの世界的拡散を許し、全人類に多大な犠牲と損失を与えた。それなのに現在に至っても、習近平政権の中国は世界に対し陳謝の一つもなければお詫びの言葉もない。

それどころか、彼らは火事場泥棒よろしく、世界の主要国がコロナ禍で大混乱に陥ったことに乗じて、南シナ海での領土拡張行動をエスカレートし、香港に「国家安全維持法」を押し付けて法治体制を根底からひっくり返し、やりたい放題の暴挙に出たのである。

ここまでくれば、結党後百年経った中国共産党政権の存在が、今日の世界にとってどういうものか、もはや明白であろう。中共の存在と彼らの行いは、中国人民とウイグル人など周辺民族にとっての災いの源であるのみならず、アジアにとって最大の脅威であり、世界全体を死に至らせる「癌」と言っていい。この極悪な政権を一日でも長く延命させればそれだけ、世界にとって不幸と悪夢の日々が続くし、一年でも長く延命させれば、世界の災難もそれだけ継続することになる。

中共政権の手で民族浄化の憂き目に遭っているウイグル人やチベット人を救い出すため、そしてわれわれの住むインド太平洋地域の平和と安定のために、自由と人権と民主という自由世界の普遍的価値観を守っていくために、そして北京発のあらゆる災禍からこの世界の安泰とわれわれの子孫代々の幸福を守っていくために、今こそ、世界は一致団結して北京の独裁者・ならず者たちの蛮行と暴走を封じ込め、中共政権を破滅へと追い込まなければならない時がきたのである。

幸い、この数年間、特に2020年秋から中共百周年の2021年にかけて、自由世界の多くの国々では中共政権の邪悪さへの認識をより一層深めた。自由世界は中共政権を封じ込める中国包囲網の構築に乗り出したのである。

中国包囲網の構築は、主に二つの領域で進められている。第一に人権問題である。中共政権のウイグル人・チベット人に対する民族浄化の人権侵害に対し、そして彼らが香港で行っている人権侵害に対して、自由世界はいっせいに立ち上がり、習近平政権への「NO」を突きつけ始めた。

まず2020年10月6日、ニューヨークで開かれた国連総会の第三委員会（人権委員会）では、ドイツ国連大使が39カ国を代表して、ウイグル人や香港に対する中国政府の人権弾圧を厳しく批判した。ドイツが束ねた39カ国の中には、アメリカ・日本・イギリス・フランス・イタリア・カナダなど自由世界の主要国ほぼ全てが加わり、人権問題を基軸にした「自由世界vs中国」の対立構造がその原型を現した。

そして2021年1月、米国トランプ政権は任期終了直前に、中国政府のウイグル人民族浄化政策を世界各国の中で初めて、ジェノサイドと正式に認定した。その後、新しく誕生したバイデン政権もこの認定の継承を宣言した。

この年の2月に、カナダ議会下院は中国のウイグル弾圧をジェノサイドとして非難する決議を可決、欧州でもオランダ議会が率先して同様のジェノサイド非難決議を可決した。そして4月には、イギリス議会が「ウイグルに対するジェノサイド」動議を可決した。この原稿を書いている4月30日現在、オーストラリア議会や日本の国会でも類似の決議の審議が始まっており、中共政権のウイグル・ジェノサイドに対する非難の大合唱が、自由世界で巻き起こっている最中である。

そして一部の西側先進国は、非難の声を上げるだけでなく、制裁など実際の行動を起こしている。ウイグル人への弾圧や香港での人権弾圧をめぐって、アメリカは早い段階から中国への制裁を実施してきたが、２０２１年３月22日、欧州連合（ＥＵ）、英国、米国、カナダは一斉に、ウイグル弾圧に関わった複数の中国高官を対象とする制裁措置を発表した。西側諸国が対中制裁でこれほど足並みを揃えたのは１９８９年の天安門事件以来のことである。

人権問題をめぐる自由世界の中国包囲網はこのようにして形成され、「人権」を基軸とした「自由世界vs中共政権」の戦いの火蓋《ひぶた》が切って落とされた。そして第二の領域、すなわち安全保障の領域においても、自由世界対中国の戦いが熾烈に展開されている最中である。

２０２０年10月6日、ドイツが39カ国を代表して国連総会第三委員会で中国の人権弾圧を批判した同じ日、東京で重要な国際会議が開かれた。米国・日本・オーストラリア・インドの四カ国外相が一堂に集まって、「自由で開かれたインド太平洋」を守る連携について協議した。「自由で開かれたインド太平洋」をどの勢力から守るのか、言うまでもなく中国である。

「クアッド」と呼ばれる日米豪印の対中国連携が始動したのである。その後、バイデン政権の主導下で「クアッド」の首脳会談もオンラインで開催され、対中国連携の強化が図られた。

「クアッド」の枠組みは今後、ベトナムやインドネシアなどインド太平洋関係国を参加国として吸収して拡大し、いわばアジア版NATOとして機能する可能性も十分にある。その一方で、インド太平洋地域の域外にあるイギリスなどの欧州国家も、この地域における中国包囲網の形成に加わりつつある。

2021年には、ドイツ海軍とフランス海軍が艦船を日本周辺の海域に派遣し、日米海軍との共同訓練に参加した。そして、世界七つの海のかつての支配者だったイギリスも、空母打撃群をアジアに派遣し、日本にも寄港する予定である。そうした海軍艦船派遣の目的は「自由で開かれたインド太平洋」を守るためだが、注目すべきはイギリス・ドイツ・フランスという自由世界の中の伝統的な軍事強国が、日米同盟・クアッドと連携して、インド太平洋地域で中国を封じ込めるための「海の万里の長城」の構築に加わったことである。

その中で、日米同盟そのものもさらに強化されている。2021年3月、日本の外務大臣と防衛大臣、米国の国務長官と国防長官が東京に集まり、恒例の「2プラス2」会議を開いた。その共同文書は初めて中国を名指しで批判し、「対中国」こそ日米同盟の新しい課題だと明確に定めた。そして同年4月、ジョー・バイデン米国大統領が就任後初めて対面で会う外国首脳となった菅義偉首相は、訪米先のワシントンで大統領と会談した。会談後の共同声明では、「台湾海峡の平和と安定」が半世紀ぶりに明記され、習近平政権による台湾侵攻を許さない姿勢を明確に示した。

このように、2020年秋から2021年春の現在にかけて、「中共に弾圧されている人々の人権を守ること」、「中共の脅威に晒されている地域の平和を守ること」という二つの重大な命題で、自由世界主要国は連携して、中国共産党政権に対する総力戦的な戦いを挑み始めた。

中共の結党百周年の節目に起きたこの歴史的大変化は重大な意味があり、限りなく喜ばしい。結党以来の百年間、ありとあらゆる悪事の限りを尽くして、中国人と周辺各民族、そして全人類に多大な危害を与えてきたこの極悪政党の横暴と蛮行は、もはやこれ以上許されないというのがコンセンサスになった。世界の癌であるこの党の政権を地獄へと葬り去る歴史の時が、近づいている。

その意味で、中国共産党百年の「悪のＤＮＡ」を受け継いで、世界の巨悪と化した今の習近平政権こそ、中共最後の政権となるべきである。本書冒頭から綴ってきた、中国共産党という悪魔のような政党の邪悪な歴史は、習近平政権の破滅によって終止符を打たれなければならないのである。

1992年10月

平成の天皇陛下が日本の天皇として初めて中国を訪問（天皇訪中）。それをきっかけに中国は天安門事件以来の国際的孤立状況から脱出できた。

1998年11月

中国国家主席の江沢民は国賓として日本訪問（江沢民訪日）。日本滞在中に至るところで「歴史問題」を持ち出して日本批判を展開。天皇陛下主催の宮中晩餐会で日本を侮辱する発言を行う。

★日本国民の対中感情悪化のきっかけとなった。

2005年3月

中国共産党政権下で過去最大規模の反日デモ・反日暴動が全国規模で発生。多くの日本企業が襲われる。

2012年11月

胡錦濤前総書記の退陣に伴って習近平が党総書記に就任、2013年3月には国家主席に就任、習近平政権が本格的にスタートする。習近平は政権の座について早々、「民族の偉大なる復興」を掲げて中国のアジア支配・世界制覇を目指す政策を打ち出す。

2013年～

習近平は大規模な「腐敗撲滅運動」の展開によって党内の政敵を粛清し、党幹部に睨みを利かせることで独裁権力の強化を図り、「習近平個人独裁体制」を作り上げる。

2014年3月

習近平政権の下で「抗日戦争勝利記念日」など日本との戦争にまつわる三つの「国家的記念日」を制定、反日を国策として決定。

2018年3月

習政権は憲法改正を行って「国家主席任期制限」を撤廃。習近平に終身独裁者となる道が開かれる。

英ら軍長老主導の政変により逮捕・粛清。文化大革命の事実上の終結。

1977年7月

文革中に毛沢東によって二度も粛清された鄧小平が共産党最高指導部に復活。やがて鄧小平は党の指導権を握って毛沢東が指名した後継者である華国鋒を引きずり下ろし、自らが最高実力者となって「改革開放路線」推進を始める。

1978年10月

中国最高実力者の鄧小平が日本訪問（鄧小平訪日）、「尖閣問題の棚上げ」と宣言して日本人の歓心をかう一方、日本政府と財界に対して中国への資金援助や技術移転を強く要請。カネと技術の両方を日本から手に入れることに成功。

1989年4月～6月

学生運動に同情的であった共産党前総書記の胡耀邦の死去をきっかけに、北京各大学の大学生たちは集会やデモを行なって民主主義の実現を求める運動を始める。運動は直ちに知識人や一般市民の共鳴を呼び、全国規模の「民主化運動」へと展開していく。

1989年6月4日

民主化を求める若者や一般市民に対し、中国共産党政権は解放軍野戦部隊を出動させ、天安門広場周辺と北京市内全体において武力鎮圧を断行。若者を中心に死傷者多数。世界を震撼させた「天安門事件」の発生である。

1990年～

天安門事件で失われた共産党政権への求心力を取り戻すために、江沢民政権は「愛国主義精神高揚運動」を推進。それとセットで日本を「憎むべき敵国」に仕立てる「反日教育」を展開。その結果、中国国民における「反日感情」が形成され高まっていく。

1955年

中共政権は「反革命分子粛清運動」を発動。総計130万人の「反革命分子」を逮捕、そのうち8万人を銃殺。

1957年

中共は政権への異議申し立てをする知識人を標的に「反右派運動」を展開。55万人の知識人を公職から追放して農村の強制労働などへ下放。「右派分子」の多くが最悪の労働環境と衛生環境の中で命を落とした。

1959年3月

人民解放軍はチベット首府のラサにおいて、民族自立を求めたチベット人を大量虐殺(ラサ虐殺)。推定1万人から1万5000人のチベット人が殺される。それによりダライ・ラマは国外亡命、中国によるチベットの政治支配が完成。

1959年～ 62年

「大躍進政策」の失敗により大飢饉が発生、推計2000万人から4000万人の人々が餓死。

1966年～ 76年

1966年、毛沢東は政敵粛清・知識人弾圧のために「文化大革命」を発動。1976年までの10年間、中国全国で1億人単位の人々が政治的迫害を受け、数千万人の人々が紅衛兵や造反派らの吊るし上げによってリンチ死。国民の相互監視と密告が奨励され、経済活動が停滞し、国民全員が恐怖に怯えて貧困に喘いだ時代でもあった。
★文革中、国家主席の劉少奇が粛清されて獄死、共産党副主席の林彪が政争に敗れて国外逃亡の途中に墜落死。

1972年9月

田中角栄首相が中国訪問、日中国交正常化が実現。

1976年9月～ 10月

毛沢東死去。毛夫人の江青を含めた文革派の「四人組」が葉剣で自らの独裁的な指導者の地位を確立する。
★この運動の結果、勢力を大きく削がれた周恩来は毛沢東に服従し、その部下となり、毛沢東派の劉少奇は党内序列ナンバー 2に躍進。

1946年6月

日本の敗戦後に全国政権奪取を企む中国共産党は、国民党政府に対する軍事反乱を起こし内戦を発動（国共内戦）。それに伴って共産党軍は「中国人民解放軍」に改名。

1948年9月～ 49年1月

内戦前半の優勢で勢いがついた中国共産党軍は、国民党政府軍を相手に遼瀋戦役・淮海戦役・平津戦役の「三大戦役」を戦う。国民党軍中枢部に潜入した共産党スパイの暗躍で、中国共産党軍はことごとく勝利を収め、内戦の勝利を決定づける。

1949年10月

中国共産党は北京で全国政権の樹立を宣言し、中華人民共和国を建国する。

1949年12月～ 51年10月

解放軍はウイグル人の住む地域や、独立国家だったチベットを軍事占領。共産党による民族支配・同化政策を始める。

1950年

中華人民共和国政権の下で「土地改革運動」を展開。全国で600万人以上の地主を吊るし上げ、土地と全財産を没収。そのうち、約200万人の地主とその家族が殺される。

1951年

毛沢東の命令により、中共政権は全国範囲内で「反革命分子鎮圧運動」を展開。農村部と都市部の素封家や名望家など71万人を人民裁判にかけて処刑する。国民の1千人に一人が殺された計算となる。

命根拠地」の建設を進める。その間、毛沢東の主導下で紅軍内の大粛清が行われ、7万人の紅軍幹部・党幹部が殺される。

1931年11月

大粛清の実行で紅軍内の主導権を握った毛沢東は、江西省瑞金にて「中華ソヴィエト共和国臨時政府」を創立し自ら主席に就任。中国共産党による初めての地方政権の樹立である。

1931年12月

南昌蜂起の後に上海に潜入し共産党中央指導部を握った周恩来は、上海から離れて江西省の「革命根拠地」に入る。周はのちに毛沢東の排除に成功して臨時政府と紅軍の指揮権を掌握することとなる。

1934年10月～1936年10月

国民党政府軍の包囲殲滅戦に完敗した共産党紅軍と党指導部は、江西省とその周辺の「革命根拠地」を放棄し、中国北部を目指して逃亡する（長征）。逃亡の途中で開かれた「遵義会議」では毛沢東が党中央と紅軍の最高指導部に復活、周恩来から主導権を奪う。

1939年10月

共産党中央と紅軍は陝西省延安地区呉起鎮に到着、劉子丹が率いる紅軍の開拓した根拠地を接収。以後47年までの10年間、中国共産党は指導部を延安におき、新たな「革命本拠地」とした。

1937年9月

日中戦争の全面的勃発に伴い、中国共産党は国民党政府と「抗日民族統一戦線」を組み、「第二次国共合作」が実現する。紅軍は名目上国民党政府軍に編入され「八路軍」となる。

★「第二次国共合作」の実現で、中国共産党軍は国民党政府軍に壊滅させられる運命から逃れて、生き延びた。

1942年

毛沢東は延安で「整風運動」を発動。党内の政敵を一掃した上

中国共産党「暗黒の百年史」年表

1921年7月

ソ連共産党のテコ入れで設立された「共産党主義インターナショナル（コミンテルン）」の下部組織として、コミンテルン極東支部の全面的政治指導と財政支援で、中国共産党が上海にて結党。以降、扇動とテロによる暴力革命の展開が党の活動方針となった。

★7月1日は中国共産党の結党記念日とされる。★毛沢東は結党時の全国代表の一人。

1924年1月

コミンテルンの主導下で、孫文率いる中国国民党と中国共産党との連携である「第一次国共合作」が実現。共産党幹部は共産党員のまま国民党に入党し、国民党の政治機構と軍事機構に対する浸透・乗っ取り工作を始める。

★周恩来と毛沢東はそれぞれ、軍幹部養成学校の黄埔軍官学校政治部主任、国民党中央宣伝部長に就任。

1927年8月

国民党への乗っ取り工作に失敗した中国共産党は、国民党軍（国民革命軍）内に勢力を持つ周恩来を中心に江西省南昌で蜂起した（南昌蜂起）。これをもって中国共産党は自前の軍隊を創設、国民党政府と軍事対決の道を歩み始める。

★南昌蜂起の8月1日は、現在の中国人民解放軍の建軍記念日とされる。

1928年4月

国民党軍によって撃破された南昌蜂起の共産党軍の残党は、朱徳という軍人に率いられて逃走の末、江西省と湖南省の省境に位置する井崗山地区に到達、毛沢東の指導する「山賊部隊」と合流した。同年秋に二つの部隊を母体に「中国工農紅軍」が編成される。

1929年～ 31年

毛沢東ら紅軍部隊は井岡山から打って出て、江西省とその周辺の農村地帯で「一村一焼一殺」の暴力革命を展開、広範囲で「革

【著者略歴】
石平（せき・へい）
評論家。1962年、中国四川省成都市生まれ。80年、北京大学哲学部に入学後、中国民主化運動に傾倒。84年、同大学を卒業後、四川大学講師を経て、88年に来日。95年、神戸大学大学院文化学研究科博士課程を修了し、民間研究機関に勤務。2002年より執筆活動に入り、07年に日本国籍を取得。14年『なぜ中国から離れると日本はうまくいくのか』（PHP新書）で第23回山本七平賞を受賞。著書に『私はなぜ「中国」を捨てたのか』（ワック）、『石平の新解読・三国志「愚者」と「智者」に学ぶ生き残りの法則』（PHP研究所）、『中国五千年の虚言史 なぜ中国人は嘘をつかずにいられないのか』（徳間書店）、『韓民族こそ歴史の加害者である』（飛鳥新社）など多数。共著に『「カエルの楽園」が地獄と化す日』（飛鳥新社）、『中国の電撃侵略 2021-2024』（産経新聞出版）ほか。

中国共産党　暗黒の百年史

2021年 7 月4日　第1刷発行
2021年10月8日　第8刷発行

著　者　石平

発行者　大山邦興
発行所　株式会社　飛鳥新社
〒101-0003
東京都千代田区一ツ橋2-4-3　光文恒産ビル
電話　03-3263-7770（営業）
03-3263-7773（編集）
http://www.asukashinsha.co.jp

装幀　芦澤泰偉
印刷・製本　中央精版印刷株式会社

ISBN 978-4-86410-843-0

編集担当　工藤博海